32,—

Maria Josepha Krück von Poturzyn

METHILD

MARIA JOSEPHA KRÜCK VON POTURZYN

METHILD

UND DAS REICH DER DEUTSCHEN
DIE GESCHICHTE EINER FRAU
ZWISCHEN DEUTSCHLAND UND BRITANNIEN

OGHAM VERLAG STUTTGART

Einband und Schutzumschlag
von Christiane Lesch

2. Auflage 1985
© 1985 OGHAM VERLAG Sandkühler & Co., Stuttgart
Satz und Druck: Johannes Illig, Göppingen
Bindearbeiten: Ernst Riethmüller, Stuttgart

ISBN 3-88455-603-7

(1. Auflage: Deutsche Verlagsanstalt, Stuttgart)

INHALTSVERZEICHNIS

1.

KÖNIGIN DER DEUTSCHEN

AN METHILD

Nie haben die Normannen, das Volk der Könige, Europas Mitte erobert. Als der letzte Sproß aus Rollos Stamm nach Deutschland kam, war es eine Frau. Und sie verfiel der Liebe zu ihrem deutschen Mann und seinem Reich. Das warst Du, Methild, mit Deinem Schicksal um Kaiser Heinrich V.

Als der Mann Dir starb, nahmst Du die heiligen Zeichen des Reichs mit Dir nach England, sagt die Legende. Aber es war nichts anderes als ein Bild in Deinem Herzen von dem Träger dieses Reiches, das Dich zurückkehren hieß in Dein Heimatland, das Dir die Kraft gab zu kämpfen um seine Krone und ein Geschlecht zu gründen, das über Britannien herrschen sollte durch dreihundert Jahre.

Nicht mehr war Dein Leben als ein Lied auf dem Grundton zweier Männer, die sich nie im Leben begegneten.

Aber weil dies Lied den Germanen des Westens in Liebe sprach von den Germanen der Mitte und ihrem Ringen um ein Reich – deshalb, Methild, soll es heute wieder erklingen.

DER DEUTSCHE ADLER ÜBER DEN BERGEN
VON BRITANNIEN

– Herr, wir kommen aus Westminster zurück. König Heinrich von England und der Normandie entbietet dir seinen Gruß. Wir haben nach deinem Willen um seine Tochter geworben. Er und die Barone stimmten zu. Sie schworen, am Pfingstsonntag unseres Jahres 1109, daß Prinzessin Maud nach Deutschland kommt und dein Weib wird, sobald du es begehrst. Zehntausend Mark in Silber wird sie mitbringen.

Heinrich V., König der Deutschen, stand mit verschränkten Armen an die Wand des Saales zu Mainz gelehnt. Zwei Falten traten waagrecht über seine Stirn, der schmale Mund rührte sich nicht.

Burkhart, der Sprecher unter den Boten, hob eine Rolle: – Herr, hier ist der Heiratsvertrag. Zehntausend Mark, sagt König Heinrich, bedeuten den Wert seiner Normandie.

Heinrich griff nach dem Pergament, öffnete die versiegelte Schnur:

– Ich danke euch! Und – was ist es wegen Frankreich?

– Der König von England wird sich seines Eidams erinnern, wenn Franken ihn bedrohen. Tief begründet sei die Freundschaft Englands mit dem Reich. In Westminster sprachen die Barone von einer alten Prophetie. Merlin, der Sohn des Teufels und einer Jungfrau, von der Tafelrunde des alten Britenkönigs Artus, hat geweissagt, daß ein Adler kommen und auf den Bergen von Britannien nisten wird. Ihr, Herr, seid der Adler, sagten sie.

Heinrich lachte, scharf und kurz:

– Sind die Barone von England alte Weiber?

Burkhart schwieg. Da wagte ein Junger das Wort:

– Wir haben Maud gesehen, Eure Braut, und ihren Körper nakkend geprüft. Sie ist erst sieben Jahre alt, aber die Glieder sind ohne Fehl, ihr Antlitz schön, gelb das Haar.

9

Heinrichs Sporenstiefel klangen auf den Fliesen:
– Was schert mich das Kind! Ich brauche die Freundschaft von England.

Heinrich hatte gegen den eigenen Vater gekämpft, der vor Canossa Buße getan. Nun war er achtundzwanzig Jahre alt und allein Herr im Land. Weit über des Reiches Grenzen griff seine Macht. Vor Jahresfrist hatte er die Ungarn zwingen wollen, ihren Thron neu zu besetzen, wie es in seinem Willen lag; jetzt war er auf einer Heerfahrt gegen die Polen, zwang sie, den Tribut zu leisten, den sie seit langem verweigert. Dreihundert Mark in Silber verlangte er oder – »das Reich der Polen wird mit dem Schwert geteilt!«

Er selbst, aus fränkischem Geschlecht, dem Schwabenherzog verwandt, stützte sich auf den Westen des Reiches; am Rhein baute er Burgen, oft zog er durch Niederlothringen, die Friesen wollte er zähmen; jenseits des Meers sollte England ihm Freund sein – dazu gebrauchte er des Königs einzige Tochter.

Aber noch fehlte Heinrich die Weihe zum Kaiser des Reiches, die seit drei Jahrhunderten deutsche Könige in Rom sich holten.

Er zog im Land umher, von Mainz an den Rhein, an die Mosel und Maas, gewann die Fürsten zum Heerzug über die Alpen. Reichen Sold verteilte er und sandte Botschaft an den Papst. Der Sitte seiner Zeit gemäß wollte er nach Rom kommen, die Stadt zu erhöhen, als Vater zu seinen Söhnen. Der Kirche sei ihr Recht gewährt, wie auch das seine gewahrt.

Darüber ging ein Sommer hin und ein Herbst. Zur Weihnacht im Jahre 1109, als der König das Fest zu Bamberg feierte, erschien am nächtlichen Himmel über Deutschland ein Schweifstern, sechs Monate lang wiesen seine Strahlen gegen Süd.

Das Volk betet, daß sein König nicht nach Rom ziehe. Unglück bedeutet der Stern, sagen die Ritter.

Heinrich war gefürchtet von seinem Volk; wenn er umherzog, flüchteten Weiber und Kinder vor ihm. Schlau und verschlagen nannten ihn die Pfaffen, und der Papst hatte beim Frankenkönig geklagt, Heinrich sei der Verderber des Volkes der Deutschen.

– Wir gehen im August über die Alpen, erwiderte Heinrich. Ob Rom Glück oder Unglück für das Reich bedeutet, lest aus euern Schwertern. Über euern König befiehlt kein Stern!

Da horchten die Männer auf, und furchtvoll schwiegen die Frauen.

Am Dreikönigstag 1110 steht Heinrich vor dem Reichstag zu Regensburg: er wolle vom höchsten Priester in der Hauptstadt der Welt den Segen als Kaiser empfangen, Italiens Provinzen durch brüderliche Eintracht nach altem Recht und Gesetz wieder dem Deutschen Reich vereinen. – Einstimmig versprachen die Fürsten, ihm nach Rom zu folgen. Solch mannhaftem Vorschlag entzog sich nicht einer.

In diesen Monaten ging ein versiegeltes Schreiben an den englischen Hof. Heinrich, von Gottes Gnaden König der Deutschen, erwarte Maud, seine Braut, um die Zeit des Frühlingsanfangs zu Lüttich in seiner Pfalz.

– Sagt mir doch, wie sieht der König der Deutschen aus? Hat er einen Bart? Ist er furchtbar groß?

Am Schiff mit den purpurnen Segeln und dem goldenen Löwenkopf am Schnabel, auf dem stürmischen Meer zwischen England und Frankreich, quälte ein achtjähriges Kind seine Begleiter.

– Ich habe seine Sprache gelernt. Aber ob er mich verstehen wird?

Die weiße Küste von England versank. Über den sandigen Hügeln des Frankenlandes schien eine bleiche Februarsonne. Sechs Schiffe landeten zu Wissant in Flandern. Hinter Reitern in funkelndem Schmuck zogen die Rosse schwere Wagen mit edlen Geschenken, kostbare Waffen, Riechwerk, wie es nie vorher in Deutschland bekannt; leuchtende grüne Smaragde, blendende Diademe; Alabastervasen, blank wie Spiegel, auf denen das Rankwerk sich zu rühren schien; noch viel goldene Armspangen, Halsketten, herrliche Gewänder, Gürtel und Ringe – und zehntausend Mark in gemünztem Silber als Mitgift – sie bedeuteten die Steuer von drei Solidi auf

11

jeder Hufe Land in England und der Normandie. Langsam nur ging es vorwärts, durch sandiges Gelände, morastigen Wald. Aus dem Wagen mit buntem Dach, aus Pelzwerk und wollenen Tüchern, bog sich ungeduldig ein Kinderkopf zu Wilhelm, Archidiakon von Winchester:

– Wie lange dauert es denn? Ich möchte mein goldenes Kleid anziehen, wenn er kommt!

Noch lag Eis an den Ufern der Maas, als der englische Brautzug vor Lüttichs Toren erschien. Fremde Ritter holten ihn ein, neigten sich vor dem Kind.

– Wo ist euer König? fragte Maud.

Aber sie verstand die Antwort nicht.

Als dann einer kam, im blauen Mantel, mit breitem Schwert, wußte sie gleich, daß es Heinrich war.

– Methild! hörte sie ihn sagen.

– Ich heiße Maud, sprach sie schnell und nickte gnädig wie daheim die königliche Mutter.

Es zuckte um seine Mundwinkel:

– Methild! sagte er noch einmal laut, und dann wandte er sich, grüßte die Edlen aus ihrem Gefolge.

Er war wohl sehr groß, aber Bart trug er keinen, ziemlich jung sah er aus und – Gott sei Dank – er küßte nicht. Maud schleppte ihren langen Mantel würdig über die Stufen der Lütticher Kaiserpfalz.

Sie sah nicht viel vom König in diesen Tagen. Abends beim Mahl, an seiner Seite, tauchte sie die Finger nach ihm in die Schüssel und nippte aus ihrem Becher, wenn er trank.

Manchmal fragte sie Burkhart, des Königs Vertrauten, was er gesagt; denn Heinrich mühte sich nicht um ihr Verstehen.

Männer kamen geritten, mit goldenen Fransen und Bischofshüten, der König sprach lange mit ihnen.

– Wer sind sie? fragte Maud erregt.

– Sie kommen vom Papst Paschalis. Er will den König zum Kaiser krönen, wenn er nach Rom kommt, sagte Roger Bienfait, der Führer ihrer normannischen Ritter.

– Rom? Was ist das?

Da kniete der Mann vor ihr nieder, daß seine braunen Locken beinahe ihr Antlitz streiften. Mit strahlenden Augen flüsterte er:

– Herrin! Es ist die Stadt der Welt! Auch du wirst nach Rom gehen und gekrönt werden vom Herrn Papst. Laß uns in deiner Nähe sein! Schon einmal gingen normannische Ritter nach Italien, damals, als der zweite Heinrich über Deutschland herrschte und sie rief. Dreißig Ritter pilgerten nach dem Monte Gargano, zum Heiligtum des Erzengels Michael!

Maud richtete sich auf:

– Ich werde den König bitten, daß ihr bei mir bleibt.

Roger bückte sich, langsam und feierlich, küßte den gestickten Saum ihres Gewandes wie er es in Frankreich gelernt. –

Auch deutsche Fürsten kamen zu ihr. Herzog Gottfried von Lothringen sei zu Unrecht beim König verleumdet, ob sie für ihn um Gnade bäte?

Heinrichs Gesicht war streng, als sie vor ihn trat.

– Ich möchte, daß Roger und meine anderen Ritter immer bei mir bleiben! Und ich möchte, daß Ihr dem Herzog von Lothringen nicht mehr zürnt!

Ihr Wangen färbten sich mit hellem Rot, und ihre Stimme erinnerte an einen Vogel.

– Wilhelm, spottete Heinrich zu dem englischen Diakon, wird Eure Prinzessin immer so gelehrig sein – für alles, was man ihr sagt?

Wilhelm schoß der Zorn ins Gesicht, aber ehe er den Mund auftat, fuhr Heinrich fort:

– Ich will mich in meinem Reich nicht von fremden Abenteurern tyrannisieren lassen, wie es den Herrschern in Neapel ergangen. Die normannischen Männer sollen heimgehen, ich habe Ritter genug. Ihr allein könnt bleiben, die Prinzessin zu unterrichten. Herzog Gottfried aber will ich verzeihen.

Er schritt aus dem Zimmer, ohne sich nach dem Kinde umzusehen, das die Hand seines Lehrers nahm und ernsthaft sagte:

– Gehen wir wieder nach England, der deutsche König ist kein guter Mann!

Normannische Dienerinnen sangen im Frauengemach die Lieblingslieder der kleinen Herrin, von Rollo, ihrem Ahn, dem Wikingerfürsten, der die Tochter des Frankenkönigs Karl geraubt:

Und Gisela, die Frankentochter,
blieb Rollos Braut,
und alle riefen:
Rollo lebe, der König der See
und erster Herzog
der Normandie!

Oft hatte Maud mitgesungen in England. Heute lag sie in ihrem großen hölzernen Himmelbett und knüllte die Seide des Baldachins:
– Ich will nicht, daß der deutsche König mich raubt! Ich will heim!
Da heulten ihre Mägde laut.

Es nahte die Karwoche. In des Kaisers Schar zog Maud weit über flaches Land; Wasser lief über grünende Wiesen und der Wind roch nach Meer. Die Frühlingssonne schien warm, fern ritt Heinrich mit seiner Schar. Maud langweilte sich.
– Warum sieht der König nie nach mir, wenn er mich heiraten will? fragte sie Wilhelm, ihren Lehrer.
Sie hielten an den Toren von Utrecht. Herolde kündeten die Ankunft des Königs. Im bunten Treiben vergaß das Kind seine Frage.
Am Ostersonntag brachten die Mägde ein zartes, silbergewirktes Kleid mit edelsteinbesetztem Gürtel, flochten kunstvoll ihre Haare und versteckten sie dann unter einem goldenen Reif. Flüchtig sahen Heinrichs Augen an ihr nieder, als sie im Utrechter Dom neben ihm kniete. Dann nahm er ihre Hand und führte sie vor seine Fürsten. Goldenes Geschmeide häufte sich vor ihr, der König selbst steckte einen Ring an ihre Hand. Er war viel zu groß, aber sie preßte die Finger aneinander, daß er nicht herunterfiel.

14

– Es lebe unsere künftige Königin! riefen die Männer an der langen Tafel.

Maud schnitt sich den Fisch auf ihrem Teller klein und schob die Stücke mit spitzen Fingern in den Mund; sie knusperte an schmalzgebackenen Vögeln, biß in einen Rettich und zog die Nase kraus; verzehrte zwei Stück von der Schweinskeule mit Gurken, tunkte den Eierkuchen in Honig und fahndete nach Weinbeeren; löffelte mandelgespicktes Gallert und schaumiggeschlagenen Rahm. Der Wein dazu war hell und gut. Bevor das Mahl zu Ende ging, mitten im Lärm der Männer und Gedudel der Musikanten, war die künftige Herrin der Deutschen schlafend über dem Tisch zusammengesunken.

Sie waren noch in Utrecht, als Roger mit seinen normannischen Rittern kam:

– Herrin, wir müssen Abschied nehmen. Der deutsche König schickt uns heim!

Sie saß auf hohem Stuhl und reichte die Hand:

– Grüßt den König und die Königin und meinen Bruder Wilhelm. Seht nach, wie es den kleinen Pferden in Winchester geht – und wer die Tauben füttert. –

Weiter kam sie nicht. Sie wußte gut, daß sie nicht weinen durfte. Mit zitternden Lippen lächelte Maud, als der letzte sich vor ihr beugte.

Da war sie plötzlich hochgehoben und auf ein Knie gesetzt. Sie blickte auf und sah Heinrich lächeln:

– Du brauchst nicht traurig zu sein, du bleibst bei mir. Und ich werde dich krönen lassen, Kleine.

– In Rom? fragte sie wichtig, zwischen Weinen und Lachen.

– Nein, in Deutschland. Für die Krone von Rom bist du noch zu klein.

– Wilhelm, sagte Maud an diesem Abend zu ihrem Lehrer, ich gehe jetzt doch mit dem König nach Deutschland. Er wird eine ganz kleine Krone für mich machen lassen. Die vom Herrn Papst ist zu schwer für mich.

15

Heinrich zog mit seiner Braut durch blühendes Land, einen großen Strom entlang.

– Das ist der Rhein, sagte er ihr, als sie am Ufer die Hände sich wusch.

Bunte Blumen wuchsen aus dem Gras, von den Bäumen fielen weiße Blütenblätter, Schwalben nisteten im Gemäuer, und aus dem dichten Wald rief der Kuckuck.

Viele Tage zogen sie dahin. Auf einmal, gegen Mittag, kam Heinrich an Mauds Wagen geritten und streckte seine Hand aus:

– Sieh, dort gegen Süden, das sind die Türme von Speyer, es ist die Stadt meiner Ahnen.

Da war eine ganz kleine Kapelle an der Seite des Doms – dort hieß er sie niederknien vor einem steinernen Sarg.

– Bete, Methild. Er war kein großer König. Verflucht im Leben und verflucht im Tod. Sein eigener Sohn hat gegen ihn gekämpft. Vier Jahre schon steht sein Sarg hier, ungeweiht.

– Wer war es? flüsterte das Kind.

– Mein Vater, Heinrich IV. von Deutschland. Er hat in Canossa das Reich verraten. Ich lebe, um zu sühnen, was er tat. Willst du für seine Seele beten?

Das Licht der Maiensonne brach sich vor farbigem Fenster, ein blauer Strahl umspielte Mauds Körper. Heinrich sah es nicht. Sah nicht, daß ihre Augen erschrocken und zärtlich nach ihm blickten. Aber als ihre kleine Stimme im Raum zerflatterte: »Pater noster qui es in coelis, sanctificetur nomen tuum –«, da fiel sein Kopf auf die steinerne Platte des Sarges.

Die deutschen Fürsten und Bischöfe waren nach Mainz geladen. Im August wollte der König nach Italien ziehen, über den Brenner ein Teil des Heeres, über den großen St. Bernhard Heinrich selbst mit dreißigtausend Rittern. David, der Ire, der in Würzburg die sieben freien Künste gelehrt, wird zu des Königs Kaplan ernannt, die Geschichte dieses Heerzugs zu schreiben; in Lausanne wartet der Abt des großen Klosters Cluny, Pontius, er, der vermitteln will zwischen Kaiser und Papst, wie es Tradition seines Ordenshauses ist seit langem. Denn Papst Paschalis hat sich bei seinem Besuch in Cluny über die Falschheit der Deutschen beklagt, darüber geseufzt, daß ihm die Türe in deutschen Ländern noch immer nicht aufgetan sei und daß Heinrich V., der mit Hilfe der Kirche über seinen Vater gesiegt, ihn nun so bitter schwer enttäusche. Er setze so selbstherrlich Bischöfe ein, wie nur je ein Deutscher es getan.

Noch vor dem Zug nach Rom soll Erzbischof Friedrich von Köln Prinzessin Maud zur deutschen Königin krönen, entscheidet Heinrich.
– Und Ihr, Bruno von Trier, nehmt sie dabei auf den Arm. Sie ist jung und könnte ermüden.
Der Bischof von Trier ist ein würdiger Mann mit grauem Bart.
– Herr Kaiser, sagt er, es ist nicht Sitte, Königinnen vor der Hochzeit zu krönen und – auf dem Arm zu halten –
– Tut, was ich Euch sage! Haltet Euch bereit auf den 25. Juli. Und während ich in Rom bin, lehrt die Königin unsere Sprache und was sie sonst noch wissen muß im Kloster zu St. Maximin.

– Ich habe den Tag des heiligen Jakobus gewählt für deine Krönung. Weißt du, wer Jakobus war? fragte Heinrich seine Braut.
– Ein Apostel, sagte sie schnell.
– Ja, er ist dem König Ramirus erschienen, bevor er die Ungläubigen schlug. San Jago! rufen die spanischen Ritter, wenn sie gegen die Mauren ziehen! In St. Jakobs Namen sollst du die Krone der Deutschen tragen. Sie wird nicht leicht sein für dich. Aber als Christus Jakobus und Johannes fragte, ob sie seinen Kelch trinken könnten, sprachen sie: »Ja, wir können es.« Auch du sollst es können, Methild!

17

Sie stand vor ihm mit glänzenden Augen, ihr Scheitel reichte bis zum Griff seines Schwerts.

Ihre kleine Brust hob sich hoch, um tief zu atmen:

– Ja! sagte sie.

Als er die rechte Hand auf ihre Schulter legte, senkte sie den Kopf wie unter einer Weihe. –

Frühmorgens am Tag des heiligen Jakob tritt Methild vor den König.

– Nett siehst du aus, Kleine, sagt er, schade, daß du nicht zehn Jahre älter bist!

In feierlicher Prozession geht es zum Dom. Zwei Bischöfe führen Methild, dicht hinter Heinrich. Der schwere Stoff ihres Kleides mit den goldenen Sternen bauscht sich um ihren Körper, mühsam setzt sie die Füße vor unter seinen Falten. Die hellen Haare fallen lockig um ein erhitztes Kindergesicht.

Am Straßenrand drängen sich die Bürger. Noch nie hat Mainz, hat Deutschland solch eine kleine Königin gesehen.

Als ihr Fuß in winzigem, perlenbesetztem Pantoffel die Schwelle der Kirche überschreitet, ertönt Gesang von der Höhe des Chores:

»Allmächtiger, ewiger Gott, der du dich keineswegs vor der Gebrechlichkeit des weiblichen Geschlechtes abwendest, vervielfältige über dieser deiner Magd Mathildis, welche wir in demütiger Ergebung zur Königin wählen, deine Gnade ... daß sie viele Kinder gebäre zur Zierde des ganzen Reiches ...«

Vor den Altar geleitet man sie, der König hat auf seinem Thron Platz genommen.

»Großer Gott, demütig flehen wir, daß diese deine Magd zum Heile des christlichen Volkes die würdige und erhabene Ehegattin unseres Königs und Teilhaberin des Reiches werde ...«

Erzbischof Friedrich von Köln verbirgt schlecht seinen Unwillen. Der ehrwürdige Text paßt nicht für dieses Kind aus England, das dem König nicht vermählt ist und noch lange nicht zur Ehe taugt. Niemals hatte ein König so selbstherrlich und wider den Brauch über seine Braut befohlen wie König Heinrich. Mitleidig beugt sich Bischof Bruno zu Methild, hebt sie hoch und setzt sie auf seinen Arm – wie es befohlen. Aber sie sträubt sich, ein lautes »Ich will nicht« tönt durch die Kirche. König Heinrich macht das Gotteshaus zur Kinderstube, denkt der Erzbischof.

Da trifft Methild ein Blick aus Heinrichs Augen – und sie wird ruhig; friedlich legt sie einen Arm auf des Bischofs Schulter.

Durch Stunden dauern die Gebete. Als die Kleine mit dem heiligen Öl an Händen und Schultern betupft wird, »damit du mit unsichtbarem Öl innerlich durch überirdische Salbung gekräftigt wirst, das Böse zu vermeiden und zu verachten ...«, da blinzelt sie nur mehr unter müden Augenlidern.

– Ich verstehe nicht, was sie sagen; dauert es noch sehr lang? fragt sie Bischof Bruno und hält ihren Mund ganz dicht an sein Ohr. Bruno weiß nicht recht, wie er darauf antworten soll, und legt den Kopf angestrengt nach der andern Seite.

Es ist schon gegen Mittag, als sie immer noch nicht gekrönt ist.

– Macht jetzt schnell, flüstert Heinrich scharf, sie soll nicht ohnmächtig werden!

Da setzt ihr der Erzbischof Friedrich von Köln die Krone der Deutschen auf – man hat sie ausstopfen müssen, damit sie der neuen Königin nicht auf den Hals herunterfällt.

– Empfange die Krone, auf daß du fortan prangest im Glanz der Weisheit und Tugend durch die Gnade Gottes und des Heiligen Geistes...

Es war 1 Uhr, am 25. Juli 1110: da hatten die Deutschen ein achtjähriges englisches Kind zu ihrer Königin. Sie selbst fehlte an dem Mahl, das ihr zu Ehren in der kaiserlichen Pfalz bereitet war. Schlafend lag sie im Frauengemach, und von ihrem Gottesgnadentum sah man einstweilen nichts als einen dunkelroten Streifen auf ihrer Stirn – von der Last der goldenen Krone.

Methild nahm Abschied in der Kaiserpfalz von Mainz. Mit Bischof Bruno und Wilhelm von Winchester sollte sie nach Trier zie-

hen, weil der König für Rom rüstete. Schon legte sich die Sommerhitze.

– Warum nimmst du mich nicht mit? fragte Methild und schluckte an ihren Tränen, ich bin doch Königin!

– Aber noch nicht meine Frau –

– Heirate mich schnell –

– Hör zu. Ich gehe über die Alpen zu einer großen Frau, zur
Markgräfin von Tuscien, Mathilde heißt sie, wie du. In ihrem
Schlosse Canossa haben ein Kaiser und ein Papst gewohnt. Du sollst
groß werden wie sie. Dann heirate ich dich. Und gehe mit dir nach
Rom.

Im Hof wartete das Gefolge; Ritter, Knappen, Dienerinnen. Da
hob Heinrich die kleine Braut an die Brust und küßte sie zum erstenmal.

– Grüß den Herrn Papst von mir, und er soll dich schön krönen,
rief sie zurück.

Die Ritter wunderten sich, wie laut ihr König lachte, aber Methild runzelte ein wenig die Stirn wie eine richtige Königin.

In den warmen Herbsttagen dieses Jahres 1110, während die
Trauben an der Mosel größer reiften als in anderen Jahren, das Laub
der Bäume in stiller Lust gilbte und sank, während weitum in deutschen Gauen die Ritter fehlten, weil sie mit ihrem König südwärts
zogen: da saß im Kloster von St. Maximin, nahe den Mauern von
Trier, Methild, des Königs kleine Braut.

In ihren spitzen Schuhen lief sie über die blanken Steine des
Kreuzganges, nähte zwischen anderen kleinen Mädchen bunte Fäden auf Leinen und beschrieb Wachstäfelchen mit hartem Griffel.
Vor flackernden Lichtern im Morgengrauen kniete sie zwischen
Nonnen vor den Stufen des Altars, die gelblichen Haare fest in kleine Zöpfe gezwängt, den Kinderkörper unter faltigem Gewand versteckt.

Abends, wenn Methild – durch den Vorhang nur von den Gefähr-
tinnen getrennt – in ihrer Zelle lag, zwang sie sich oft, wach zu blei-

ben, bis alles schlief; dann öffnete sie leise den hölzernen Laden, sah nach dem Mond und den Wolken. Durch die Bäume strich der Wind und rührte an ihr Haar. Wie das Reh im Wald spürte Methild, wenn er aus dem Süden kam. Dann dachte sie an Heinrich und an Rom, schlief ein und lächelte.

Des Tages spielte sie mit den Kindern, bettete Puppen, sprang durch die Wiesen und stahl von dem reifenden Wein. Schon sprach sie Deutsch wie die andern auch, man neckte sie nicht mehr mit ihrer fremden Sprache. Sie lasen lateinisch die Heilige Schrift, lernten von den römischen und deutschen Kaisern, wie weit die Sonne vom Mond und wie hoch der Himmel ist. »Mathildis« stand auf ihrem Platz wie auf dem der andern: Adilheidis, Hildegunt, Irmingart und Beatrix. – Nie sprach sie davon, was sie zu Lüttich und Mainz erlebt. Anfangs, als im Streit die Kinder sie genckt: Methild, weißt du auch unseres Königs Namen? hatte sie gesagt: Freilich, Heinrich heißt er. Und ich bin seine Königin. – Da war ein Ringeltanz um sie vollführt, und es ging lange das Gelächter im Chor: Wo hast du deine Krone, Methild? – Seither schwieg sie zu Kindern und Nonnen.

Einmal in jeder Woche wurde sie von den andern weggerufen. In stillem Raum saß sie allein vor ihrem alten Lehrer Wilhelm, Archidiakon von Winchester.

Wilhelm erzählte ihr von den Normannen, den Ahnen ihres Vaters. Vom Nordmeer waren sie gekommen, wurden Wikinger und Dänen genannt. Auf schmalen Schiffen drangen sie in die Welt, vor alle Flüsse und Inseln Europas, bis zu jener fernen Küste jenseits des großen Meers, dahinter die Welt zu Ende ist. Wie eine Herde wilder Tiere erschienen ihre Boote mit den hölzernen Drachen, Löwen, Adlern am Bug, vor England, Frankreich, im Land der Slawen, am Schwarzen Meer, vor Island und Byzanz. Sie waren rauhe Heiden und glaubten sich durch zwölf Asen beschützt, raubten Frauen, verbrannten Dörfer, setzten ihre eigenen Kinder aus, wenn sie hungerten. Nur mit der Axt in der Hand wurden sie gesehen. Niemals hat ein Eroberer ihnen Gesetze aufgedrückt, niemals ein anderer als

21

der König ihres Stammes sie beherrscht. Von fremden Völkern trugen sie die Kronen, im Norden und Süden – sie, die Normannen, das Volk der Könige. Ihr Herrscher hatte die Geister des Meeres zu seinen Ahnen, nie rastete er an menschlichem Herd, und wenn er starb, wurde sein Schiff mit dem goldenen Löwenkopf brennend ins Meer gesetzt. Als das neunte Jahrhundert nach Christi Geburt zu Ende ging, wurde an Norwegens Küste Rollo geboren, der Sohn eines normannischen Adligen. Rollo mußte aus seiner Heimat fliehen, weil er auf königlichem Land für seine Leute Vieh gestohlen. Da segelte er mit seiner Schar vor die englische Insel und lebte einen Winter lang von Raub. Eines Nachts erschien ihm die fränkische Küste im Traum, grünen Bergen entsprang eine Quelle, weiche Dämpfe luden zum Bad. Er selbst sah sich plötzlich von Aussatz entstellt – tauchte unter und war gesund. Zahllose Vögel in Gelb, Grün, Rot und Blau badeten gleich ihm, flogen auf und nisteten am Ufer. –

Kein Normanne verstand den Traum, aber ein gefangener Angelsachse deutete ihn. – Herr, Ihr werdet fränkisches Land gewinnen und mit Euren Mannen besiedeln; der Aussatz, das sind Eure Untaten, der Quell die Taufe des Christengottes. – Reich beschenkt entließ ihn Rollo und segelte im Frühling gegen die Mündung der Seine.

Der Bischof von Rouen unterwarf sich, Rollo kam an Land und baute sich eine Burg auf fränkischem Boden. Das konnte König Karl der Einfältige nicht dulden. Er zog mit seinem Heer seineabwärts.

– Wer seid Ihr? Wenn Ihr rauben wollt, sollt Ihr wissen, daß die Franken sich verteidigen werden, ließ er sagen.

– Gut, wir kommen aus dem Norden und wollen Brot und Land, gab Rollo zurück.

– Diene dem König der Franken, und er gibt dir Land!

– Nein, uns wird genügen, was wir erobern!

Rollo begann den Kampf. Er schlug die Franken zurück und drang vor bis an die Ufer der Eure. Da war eine Stadt, die hieß

Chartres, eine alte heilige Stätte der Kelten, auf ihr erbauten die Christen eine Krypta zu Ehren der Mutter ihres Gottes.

Eines Nachts erstiegen die Normannen die Mauern, mordeten und stahlen. Die Einwohner flüchteten nach dem Heiligtum, aber auch dort schonten sie die Heiden nicht. In ihrer Not pflanzten sie den Schleier der Jungfrau Maria auf ihre Wälle, der Frankenkönig hatte ihn aus Konstantinopel mitgebracht. Die Heiden lachten und schossen ihre Pfeile danach... In diesem Augenblick aber trübten sich ihre Augen. Hilflos standen sie und blind. Nun stürzten sich die Einwohner von Chartres auf sie, und viele blieben im Kampf. Rollo entkam in wildem Lauf, erreichte sein Schiff, ruderte ohne Halt bis in den Hafen von Rouen. Das war am 20. Juli 911.

Karl, der Frankenkönig, bot Frieden, denn er war alt. Rollo kam mit seinen Getreuen ihm entgegen an das linke Ufer der Epte, Karl mit seinen Baronen und Prälaten an das rechte.

Solchem Mann stehe wohl Herrschaft zu, sagten die Barone, als sie Rollo erblickten, breit, stolz und bärtig.

Auf einer Brücke trafen sich der Franke und der Nordmann. Rollo gab die große, starke, braungebrannte Hand.

– Der Fuß des Königs ist zu küssen, raunte ihm einer ins Ohr.

Rollo horchte, staunte. Dann bog sich verächtlich sein Kopf zu einem der Seinen:

– Tu du es!

Aber der, stolz und stark genau wie sein Herr, bückte sich nicht. Er faßte des Frankenkönigs Fuß, mit derbem Ruck zog er ihn hoch bis vor seinen Mund. Zwei Barone hielten den rücklings fallenden König der Franken in ihren Armen.

Die Normannen lachten laut, und die Franken erzürnten. Rollo zuckte die Achseln:

– Das ist so Brauch bei uns!

Danach erhielt Rollo das Land der Normandie zu Lehen und die Königstochter Gisela zur Frau. Rollo aber beugte noch im gleichen

Jahr, des Traums vor England und der Niederlage von Chartres gedenkend, sein bärtiges Haupt unter das Wasser der Christen.

Rollos Enkel aber –

– Das war Wilhelm der Eroberer, sagte Methild eifrig. Von ihm weiß ich alles, denn er war mein Großvater.

Wilhelm nickte.

– Und dein Vater, König Heinrich I. von England und der Normandie, verband sich erstmals mit dem Königsblut der unterworfenen Angeln; Mathildis, deine Mutter, stammte von Hengist, aus Wotans Geschlecht, und gebar ihm zwei Zwillingskinder: Wilhelm, deinen Bruder, und dich, Maud... Du bist mit deinem Bruder das erste Unterpfand des kommenden Volkes von Britannien. Nach euch wird sich das Blut der normannischen Eroberer mischen mit dem Blut der Angelsachsen. Dein Bruder Wilhelm wird über England herrschen. Du aber bist als erste vom Stamm der Normannen ins Herz von Europa gekommen – nie hat das Volk der Könige die Deutschen besiegt; du sollst Brücke sein zwischen den Germanen des Westens und den Germanen in Europas Mitte. Denn die Jahrhunderte, die nach uns kommen, werden den Germanen gehören, wie die Zeit vor uns Rom und seinen Völkern!

Es war meist schon dunkel, wenn Wilhelm von Methild schied. Dann eilte sie mit heißen Wangen durch den Kreuzgang. An eine glatte runde Säule gelehnt, flüsterte sie die Worte:

– Vater, Bruder, Heinrich! ... Und: England! Germanien...

Wenn aber Bischof Bruno kam, saß sie ganz still auf einer kleinen Bank vor ihm, faltete die Hände und sprach nur, wenn er fragte. Von Gnade, Sünde, Vater, Sohn und Geist. –

Am Ende der Lehre, sie wußte es wohl, brachte er Nachricht vom König. Wie sein Heer sich auf den Ronkalischen Feldern versammelt, wie nachts vor jedem Zelt eine Fackel gebrannt und die Ebene weithin vom deutschen Heer erleuchtet gewesen, wie Boten der großen Gräfin Mathilde von Tuscien Heinrich Geschenke gebracht – und daß der König jetzt weiterziehe auf Rom zu. . .

An solchen Tagen kritzelte sie Heinrichs Namen heimlich auf ihr

Betpult, zählte die Könige seit Augustus und gab ihm die Zahl 72.
Glücklich in ihrem Doppelleben, verbrachte Methild im Kloster
zu Trier ihr neuntes Lebensjahr; in ahnungslosem Spiel und keimen-
der Liebe, Kind und Königin zugleich.

HEINRICH, DER ERBE VON CANOSSA

Es wurde Frühling. Methild hatte ihren neunten Geburtstag hinter sich, still und prunklos war er gewesen, am Tag der Lichtmeß.
Aber in diesen Nächten schrak sie manchmal auf. Der Mond be-
leuchtete die kleine Öffnung ihres Ladens, Tauwind strich durchs
Gebälk. Methild kletterte leise aus dem Bett, und mit bloßen Füßen
lief sie durch dunkle Gänge. Nichts rührte sich, nur das Öllicht
flackerte in einer Ecke und warf seinen Schatten an die Wand. Frierend ging sie auf ihr Lager zurück, aus Kissen erstickt kam ihr Flü-
stern:

> Unser Bettlein geblümet ist,
> Nun komm, o süßer Herre Christ,
> Und neig dich in mein Herz hinein...

Aber einmal, an einem stürmischen Abend, kam sie auf ihrer ge-
heimen Wanderschaft an eine Tür, hinter der Männerstimmen er-
klangen. Sie drückte sich an die Mauer und horchte...
– Und, Herr Bischof – wie steht es mit der Botschaft aus Rom?
Methild erkannte des Diakons mühsames Deutsch.
– Aus Rom? – es war Bischof Brunos Stimme – Ja, es ist wahr,
was man redet – der Kaiser hat den Papst gefangengenommen –
– Gefangen – Wilhelm schrie auf.
– Gefangen!

25

Es wurde totenstill. Methild preßte sich an den Rahmen der Tür, das Holz krachte. Ihr stockte der Atem. Aber die Stimmen sprachen weiter:

– Der Kaiser forderte, daß die Kirche alle Besitzungen zurückgebe, die sie seit Karl dem Frankenkönig erhalten! Unter Strafe des Bannes sollten alle bischöflichen Lehen dem Kaiser wieder zufallen – für alle Zeiten! Denkt an die herrlichen Bistümer Köln, Mainz, Basel, Salzburg – und wie sie alle heißen –, es ist das halbe Reich.

– Tempelraub! tönte Wilhelms Stimme.

– Tempelraub? Der Papst war bereit – dafür wollte der Kaiser verzichten, die Bischöfe mit Ring und Stab zu belehnen... Wenn die Fürsten der Kirche wieder zu Aposteln wurden – und ihr Hirtenstab kein Zepter mehr bedeutete –, dann konnte der Kaiser leicht auf ihre Belehnung verzichten – und Friede würde herrschen im Reich! Es war ein großer Wurf von unserem Kaiser!

– Und die Bischöfe?

– Sie weigerten sich. Wollten nicht von frommen Schenkungen leben – wollten sich weiterhin mischen in die Händel der Welt. Da wurde Paschalis schwankend. Es kam zum Streit, Wilhelm, mitten in der Kirche von Sankt Peter! Unser Herr Kaiser, seht, er ist tapfer und klug wie keiner – aber wenn der Zorn an seinen Schläfen sitzt, verliert er die Besinnung... Und Adalbert, sein böser Engel, stand hinter ihm –

– Adalbert? Der Bischof? Sein Kanzler?

– Er! Adalbert hat ihm geraten, den Papst gefangenzunehmen, um ihn zur Unterschrift zu zwingen. Es kam zum Kampf, es floß Blut auf heiliger Stätte... Deutsche Bischöfe führten den gefangenen Papst aus der Stadt, und der Kaiser ritt mit gezücktem Schwert durch die Straßen von Rom. Beinahe wäre er im Handgemenge gefallen...

Ein Stuhl wird zurückgeschoben, Schritte erklingen... Methild ist erstarrt.

– Herr Bischof, das hat kein Kaiser noch gewagt!

– Nein, kein Kaiser! Brunos Stimme ist leise. Sechzig Tage lang

war Paschalis gefangen, dann unterschrieb er im Lager zu Mammolo alles, was unser König wollte... und krönte ihn. Der Sohn Heinrichs IV. hat sich zum Herrn gemacht über die Kirche –
– Gott sei seiner Seele gnädig! – ... und dem Reich! Denn der Schrecken lebt im Herzen aller, Furcht herrscht im ganzen Land... Und die Deutschen werden durch Furcht nicht überzeugt – und Rom nicht durch List bezwungen!
– Herr Bischof, wo ist der Kaiser jetzt?
– Er zieht als Sieger durch Italien... Wilhelm, habt Ihr nicht das Knarren da draußen gehört?
– Es ist zuweilen nicht geheuer in diesem Kloster, Herr Bischof.
– Die Seelen der toten Nonnen fürchte ich nicht – aber die Ohren der lebenden können horchen –
Bischof Bruno schritt würdig zur Tür.
Aber es war nichts zu sehen im düsteren Gang.
Ein leinenes Hemd flatterte im selben Augenblick um die Ecke, und Methild schlüpfte zitternd vor Erregung in ihr Bett.
Der Kaiser ist groß! So groß wie kein König und kein Papst! Wer ihm nicht folgt, den nimmt er gefangen. Und alle müssen sich fürchten vor ihm. Alle – nur ich nicht, Methild!
Das war, was die Königin der Deutschen über die Politik ihres anverlobten Herrn und Kaisers dachte, und sie freute sich wie kein Kind im weiten römisch-deutschen Reich!

Für den 6. Mai ist Kaiser Heinrich bei Mathilde, der Markgräfin von Tuscien, angesagt, der Herrin von Cannossa. Zu Bianello erwartet sie ihn feierlich an der Treppe des Schlosses.
Aufrecht ist die wunderbare Frau, schneeweißes Haar umleuchtet ihre Stirn, mit klugen Augen mustert sie den jungen Kaiser.
– Willkommen, Kaiser Heinrich! sagt sie auf deutsch.
Allein, ohne Dolmetsch, ohne Zeuge, sitzt sie mit ihm im hohen Saal, ein klein wenig tiefer der Kaiser als die Frau.
– Ihr habt Euch viel zugetraut für Eure dreißig Jahre. Keiner der

Kaiser hat je einen Papst gefangengesetzt. Was habt Ihr zu sagen?
Gebieterisch ist ihre Haltung, die Stimme warm und dunkel.

– Hohe Frau, sagt Heinrich, ich habe gehofft, Ihr versteht ...
Wenn Ihr es nicht könnt, wird kein Mensch im Land es tun ... –

– Ihr meint, weil Ihr der Sohn des büßenden Kaisers von Canossa
seid, ist Euch alles erlaubt?

– Was mir erlaubt ist, weiß ich nicht. Ich weiß nur, was ich tun
muß, um die Ehre wieder zu retten, die mein Vater preisgegeben;
ich weiß, daß ich lebe, um Rom vergessen zu machen, daß ein Kaiser vor einem Papst gebettelt hat als ein Büßer!

Heinrichs Augen flackern. Er schränkt die Arme über der breiten
Brust und sieht durch die Öffnung des Fensters in freies Land hinaus.

– Canossa – ich werde das Wort ausbrennen aus der Geschichte!

– Ich bin ein Weib. Weiber machen nicht die Geschichte. Aber ich
habe viel gesehen in diesen fünfundsechzig Jahren meines Lebens.
Vielleicht war Euer Vater nicht so unklug, wie Ihr meint. Aber damals, wie Papst Gregor bei mir auf Canossa weilte und Euer ge-
bannter Vater in Schnee und Wind drei Tage hintereinander im
Burghof erschien, in wollenem Hemd, mit bittend erhobener Hand,
als Gregor immer noch nicht verzeihen wollte, obwohl ich ihn darum bat und der Abt von Cluny mit mir – da dachte ich: wenn dieser
Kaiser einen Sohn hat, dem Blut in den Adern rinnt – dann kommt
er eines Tages vor den Stuhl Petri – mit dem Schwert in der Hand!

– Nun ist es soweit.

Heftig drehte sich Heinrich herum. Mit wenigen Schritten war er
bei der Frau. Sein Knie beugte sich, und die Lippen berührten ihre
welke Hand.

– Ihr seid heiß und trotzig, Heinrich, sagte Mathilde, und –
schön in Euerm Zorn ... Wenn ich in meiner Jugend einen Mann wie
Euch gesehen hätte –

Sie lächelte, daß feine Falten ihre Augen strahlenhaft umstanden –
aber Heinrich hörte sehr wohl, daß Tränen auf dem Grund ihrer
Stimme lagen. Sie hatte einen buckligen Lothringer in ihrer Jugend

geheiratet, und in späterem Alter, auf Geheiß des Papstes, Welf, den bayrischen Knaben. Beide Male, weil die Herrschaft über Tuscien es heischte. Auch sie war ein Glied in einer Kette und mußte leben, wie es das Schicksal ihres Stammes wollte. – Ich habe keinen Sohn, Heinrich; wenn ich sterbe, will der Papst mein Land. Aber ich werde es Euch verschreiben. Ihr seid meinem Stamm verwandt – Ihr sollt herrschen auf meinen Gütern – auch auf Canossa.

– Ihr sollt nicht sterben, Ihr seid die erste Frau, die mich versteht. Wenn Ihr mir zu Gefallen sein wollt: nehmt die Lombardei, herrscht über sie in meinem Namen!

– Auch das werde ich tun, mein Sohn. Ihr werdet Freundschaft brauchen können. Denn wer Rom herausfordert, spielt um sein Leben. Sagt, habt Ihr eine Braut?

– Ja, hohe Frau. Sie trägt denselben Namen wie Ihr. Aber sie ist noch ein Kind. Ich wollte, sie könnte bei Euch lernen. Alle Welt weiß, Ihr seid gelehrt wie ein Bischof.

– Bringt sie mir, wenn Ihr wiederkommt. Denn jetzt müßt Ihr nordwärts ziehen. Schon steigt der Sommer, und er ist gefährlich für Euch Deutsche. Ihr könntet das Fieber bekommen.

Mit blassen Händen zog sie den Kopf des Mannes zu sich nieder und küßte ihn auf die Stirn.

– Aber kommt bald, denn ich bin alt und werde müde ...

Sie winkte, als er von dannen ritt; lange flatterte ihr Tuch ihm nach. Über ihr altes Gesicht rannen unbehelligt zwei Tränen.– Dann trat sie lächelnd vom Söller zurück. Mathilde, sie, die Herrin von Canossa, die treue Tochter der Päpste – sie hatte den Rebellen zum Erben eingesetzt, den Sohn des geächteten Kaisers ... Es war ihr, als stünde sie vor dem großen Buch der Geschichte und zeichnete ihr eigenes Leben ein wie längst vergangenes Geschehnis.

Das Pfingstfest feiert der Kaiser zu Verona inmitten seines Heers. Der Bayernherzog Welf sendet dreihundert Ritter, den neu gekrönten Kaiser heimzugeleiten. – Am Gardasee unterschreibt er letztmals auf welschem Boden, dann zieht er über den Brenner nach Deutschland. Am 7. August will er die Leiche seines Vaters in höchsten Ehren bestatten. Denn im Vertrag von Mammolo hat Heinrich erreicht, daß der Papst den Bann von der Leiche löst. Genau fünf Jahre, nachdem er verschieden, soll Heinrich IV. Einzug halten in die Gruft zu Speyer. –

Eines Tages hieß es im Kloster zu Trier, daß Methild verreise.

– Wohin gehst du denn? fragten die kleinen Mädchen und umringten sie neugierig.

– Wir müssen den alten König begraben, sagte Methild, Kaiser Heinrich IV.

Drei Kleine barsten vor Lachen, die Älteste meinte vorwurfsvoll:

– Der ist doch schon lange tot!

– Jawohl, sagte Methild unbeirrt. Aber noch nicht begraben. Das könnt ihr nicht wissen. Das hat der König nur mir gesagt ... und dem Kanzler, fügte sie leicht hinzu.

Plötzlich begriffen die Kinder, daß alles Ernst war: Methild, mit der sie spielten, war doch eine Königin! Sie sahen sich gegenseitig an und schwiegen. Dann umschlang die Keckste Methilds Hals:

– Sei nicht böse, wir haben es bis jetzt nicht geglaubt –

– Macht nichts, erwiderte Methild. Ich werde es dem Kaiser nicht erzählen.

– Würde er sonst auf uns zürnen?

– Wahrscheinlich.

Hier aber lenkte sie ab, denn in diesem letzten Punkt war Methild nicht ganz sicher.

30

Als sie vor ihn tritt, in seinem Hoflager zu Speyer, in diesem August des Jahres 1111, da sieht sie nur, daß er sehr bleich ist und eine blutrote Narbe über seine Stirn läuft.

– Da bist du ja, sagt Heinrich statt aller Begrüßung.

Sie kann den Blick nicht von dem roten Streifen wenden, sie deutet mit dem Zeigefinger darauf und fragt böse:

– Wer hat das getan?

Heinrichs schöner, harter Mund verzieht sich kaum sichtbar zu einem Lächeln:

– Als ich aus der Kirche des Papstes kam, haben sie gegen mich gekämpft, und da traf mich ein Schwert.

– Hat es sehr weh getan?

– Ich weiß nicht mehr. Aber dafür starb der Fürst von Mailand, der mich schützte ... Er blickte vor sich hin und vergaß, daß er zu einem Kinde sprach: Schade, sagte er dumpf, sein Leben hätte mir mehr genützt als sein Tod. Braver Otto! Warum bist du gefallen für mich?

Methild sah ihn aus großen Augen an und verbarg, was sie wußte.

– Hat dich der Papst nicht gekrönt?

– Doch. Aber vorher habe ich ihn sechzig Tage lang gefangengehalten.

– Gefangen? Ist der Papst von Rom kein guter Mann?

– Doch, Methild. Er handelt, wie er handeln muß. Wie soll ich dir das erklären? Er ist gut und schlecht, wie wir alle –

– Gut und schlecht? Du – bist nur gut!

Er schlug sich aufs Knie und lachte, aber sie bekam ein weinerliches Gesicht.

– Du lachst mich immer nur aus –

– Nein, das tu ich nicht, Kleine. Du darfst es sogar noch einmal sagen. Wie war das – ich bin immer nur gut?

Sie schmollte zwar noch, aber das bejahende Nicken war überzeugend.

– Methild, sag das dem fränkischen Bischof, der mich gerade in den Bann tun will!

31

– Bann? Was ist das: Bann? – Das heißt, daß ich verflucht bin, weil ich den Papst gefangenhielt, nicht zum Abendmahl gehen soll und verdammt werde, wenn ich sterbe.

Methild trat vor ihn, das kleine Gesicht errötend vor Zorn:

– Zeig ihn mir, der das wagt!

– Was willst du mit ihm?

– Ich werde – ich werde – sie suchte und atmete tief: Ich werde es dem Papst schreiben!

Methild wunderte sich, daß Heinrich schwieg, sie an sich zog und ihr die Haare aus der Stirne strich ...

Es war sehr heiß an jenem 7. August. Unendlich viele Menschen strömten vor dem Dom zusammen, Heinrich entfaltete für den toten Vater, gegen den er im Leben gekämpft, eine Pracht, wie sie keinem Kaiser zuteil geworden. Ein Triumphzug schien dies Begräbnis.

Methild ging an Heinrichs Seite hinter dem Sarg von der Kapelle der heiligen Afra bis zur Gruft. Stundenlang dauerten die Gebete und Gesänge, die Luft war weiß von Weihrauch. Wider ihren Willen mußte sie gähnen und fürchtete, stehend einzuschlafen. – Man brachte sie bald danach zu Bett und am nächsten Tag ließ Bischof Bruno ihr sagen, daß er sie zurückgeleiten müsse nach Trier, auf des Kaisers Geheiß.

– Wie lange muß ich denn noch ins Kloster zurück? fragte sie kläglich beim Abschied.

Heinrich war zerstreut, sie sah es wohl. Aber er legte die Hand auf ihren Kopf und sagte tröstend:

– Ein wenig noch. Ich weiß nicht wie lang. Du bist doch zu klein für eine Königin.

Während sie betrübt rheinaufwärts fuhr und Bischof Bruno quälte, wie sie sehr schnell älter werden könnte, zeichneten die Speyrer Bürger erstmals ihren Namen in deutsche Geschichte. »In Anwesenheit von Königin Mathildis« stand in den Annalen dieses Totenfestes von Speyer vor den Namen würdiger und verdienter Männer.

Vier Wochen später, zu Worms, plötzlich, ergreift den Kaiser ein
Fieber, so heftig und geheimnisvoll, daß die Ärzte ratlos werden.
Der starke Körper bäumt sich im Kampf ums Leben. In drei Tagen
scheint er zu erliegen. Getreue bringen ihren Herrn auf einer Bahre
ins Kloster von Neuhausen, damit die kundigen Hände der Mönche
ihn pflegen bei Tag und Nacht. Er stöhnt laut und redet irr, kein
Aderlaß und kein Trank bringen ihm Schlaf. Es geht zu Ende, sagen
die Mönche. Still wie eine Totenkirche wird das Kloster. Nur aus
dem Gemach des Kaisers dringen Schmerzensschreie, wild und
furchtbar. Man sendet Boten: rings im Reich lesen die Höchsten der
Kirche Messen für Heinrichs Leben.

Zwei Wochen lang währt der Kampf. Die Ärzte verzweifeln.
Schon scheint die Kraft gebrochen. In Frankreich nicken weise
Häupter bedeutungsvoll: »Den Vater hat er bekämpft, den Papst gefangen – das Maß ist voll! – Der heilige Petrus wird den Gottlosen
vernichten!« – Für den Sterbenden fordert der Bischof von Vienne
päpstlichen Bann.

Aus Worms zieht ein wilder Haufe von Bürgern gegen Neuhausen – Kreuz und Lanze wollen sie sich sichern, die geweihten Zeichen des Reiches – für alle Fälle ... Als ihr Murmeln herandringt,
springt Heinrich von seinem Lager auf, wie ein todwunder Stier ist
er anzusehen:

– Wappnet mich! Hebt mich aufs Pferd! schreit er hohl.

Die Mönche bekreuzigen sich, die Männer tun, wie er befohlen.

Der Schweiß läuft stromweis von seinen Gliedern, als er mit drei
Rittern sich auf die Rebellen stürzt. Den Bannerträger haut er nieder, keuchend treibt er die Fliehenden bis Worms. Das Volk flieht
vor ihm in die Kirchen – der Sterbende noch wird gefürchtet, seine
wilde, maßlose Kraft.

Dann reitet Heinrich zurück, dann sinkt er vom Pferd, röchelnd
liegt er wieder, dem Tode näher als dem Leben. –

Auch ins Kloster zu Sankt Maximin dringt die Kunde von seiner
Erkrankung. Bischof Bruno bringt sie und spricht von der schweren
Prüfung, die den Kaiser heimgesucht. Er kann nicht weiter-

sprechen. Das Kind vor ihm erbleicht bis in die Lippen.

– Herr Bischof, sagt Methild, ich weiß, daß der Kaiser wieder gesund wird!

– Königin Methild, bittet Gott darum!

Sie liegt in ihrem Bett wie alle Nächte, warm weht der Sommerwind zu ihr herein, glänzend am Himmel stehen die Sterne, und dort – weit hinter Hügeln und Tälern – muß Worms sein, wo der Kaiser liegt – krank.

Ihr meines Liebsten Gesellen vom Himmelreich,
ich beschwöre euch Engel inniglich,
daß meinem Liebsten sagt euer Mund,
wie er wird wieder ganz gesund.

Sie flüstert es vor sich hin. Das weiße Linnen deckt sie über den Kopf, damit die Nonne nicht ihr Schluchzen hört; ihre Finger umklammern den Ring am Hals – Heinrichs Goldreif aus Utrecht ... Ich beschwöre euch Engel ... Auf einmal muß sie an den Herzog von Mailand denken, der mit seinem Tod Heinrichs Leben erkauft hat. Nun weiß sie, was sie will!

– Lieber Herr Gott, laß mich sterben für Heinrich, und Heinrich soll gesund werden wie ich!

Sie wird ruhig. Mählich schläft sie ein; hinüber zu jenen Engeln, die des Menschen Schicksal weben aus Tun und Leiden, Geburt und Tod. –

Die haben es nicht leicht in jenen Sommernächten, da viel gelehrte und ungelehrte Bitten, Flüche, Rachegedanken zu ihnen kommen – alle um eines einzigen Menschen willen ... und schließlich die Bereitschaft eines Kindes, statt seiner zu sterben – weil es noch nicht weiß, was Leben bedeutet.

Niemand wußte zu sagen, wie es kam. Eines Tages wurde der Kaiser ruhig, totenfahl lag er auf seinem Lager, die Haare klebten an eingesunkenen Schläfen – aber die Augen glänzten nicht mehr, und die Stimme klang stark wie vordem:

– Es ist gut. Ich lebe.

– Er ist gerettet! flüsterten die Mönche froh, wenn sie auf den Gängen sich begegneten.

– Der zweite Judas ist noch einmal auferstanden, hieß es unter den Feinden; und in Trier sagte ein kleines Mädchen, blaß und strahlend:

– Ich hab' es ja gewußt, Herr Bischof!

ZWISCHEN BASEL UND BAMBERG

Es war eine alte, erfahrene Magd, Ratbota mit Namen, die Bischof Bruno der kleinen Königin zur Bedienung gab, als er im Sommer 1112 mit ihr das Kloster von Sankt Maximin verließ. »Bringt die Königin, meine Braut, mit in das Hoflager zu Speyer«, hatte Heinrich am Schlusse eines Briefes geschrieben. »Gegen den 10. Juli erwarte ich Euch!«

Ratbota kam drei Tage vor der Abfahrt ins Kloster, tauchte Methilds mageren Kinderkörper in ein Faß voll warmen Wassers, rieb mit Kleie die weiße Haut und wusch die Haare mit Kamillenblüten.

– Ratbota, du mußt mich sehr schön machen für den König. Glaubst du, ich werde ihm gefallen?

Ratbota, die Alte, blickte auf die langen, dünnen Glieder. Sie dachte an das, was im ganzen Land die Leute sagten: der König sei ein harter Mann. Und sie seufzte in ihrem Innern.

– Herrin, Ihr seid im Wachsen, sagte sie, Ihr seid doch erst zehn Jahre alt –

– Aber ich bin beinahe schon so groß wie du!

– Freilich, freilich, nickte Ratbota und schnitt ihr die Nägel an den schmalen Füßen. Dann streifte sie ein weiches Hemd über Met-

hilds Körper, darüber ein langes Kleid aus weißem Leinen, das um
Hals und Ärmel und Saum von feinster Arbeit war. In dem falten-
reichen Gewand sah sie schon etwas üppiger aus, fand Ratbota, und
war zufrieden. – Die Nonnen weinten, als Methild am Tore Abschied nahm, und von den kleinen Mädchen wagte keine mehr sie zu
küssen. Niemand hatte je solch kostbares Kleid getragen und so
kunstvoll geflochtene Haare; auch hing an ihrem Hals ein Ring mit
einem großen blauen Stein, und ihre Füße staken in roten Schnabelschuhen. Plötzlich begriffen die Kinder, daß die Königin, mit der
sie gespielt, gelacht und Streiche vollführt hatten, von ihnen ging,
unwiderruflich.
    – Tröstet euch, sagte Bischof Bruno, vielleicht kommt Königin
Methild wieder zurück.
    Aber Methild, obwohl ihre Augen voll Tränen standen, schüttelte
verneinend den kleinen Kopf:
    – Ich glaube, der König wird mich bei sich behalten wollen, sagte
sie, und ihre Miene war so ernsthaft, daß Nonnen und Kinder ihr
glaubten. Nur Bruno von Trier, der des Kaisers düstern und herri-
schen Sinn besser kannte, dachte anders.
    – Wir wollen abwarten, mein Kind. Aber jetzt laß uns gehen –
    Sie stieg trotz ihres langen Kleides behende in den Wagen, den
zwei starke Gäule zogen, und fuhr an der linken Seite Bischof Brunos in den hellen Julimorgen hinaus.

Das Reich schien befriedet, Bischöfe empfingen ihr Lehen aus des
Kaisers Hand, Klöster stellten ihr Gut an das Reich zurück, reiche
Ernte sandte der Himmel, und sogar Lothar, der Sachsen rebelli-
scher Herzog, beugte sich unter die Faust des starken jungen Kaisers.
    Doch jenseits der Grenzen stieg die Flamme der Empörung zün-
gelnd empor – über einen Kaiser, der den Papst gefangengesetzt –
alles Gut der Kirche als Gut des Reiches erklärte und unumschränkt
mit Ring und Stab belehnte. »Praviweg« nannten die Päpstlichen den
Vertrag von Mammolo, ein gottesschänderisches Papier. Zu Rom

trat eine Synode zusammen, die nannte Paschalis einen Ketzer, zwang ihn, das Apostolische Glaubensbekenntnis herzusagen – denn man konnte nicht wissen, wie es mit dem Glauben eines solchen Papstes stand.

Er verteidigte sich: immer hätten die Bischöfe von Rom über die Reinheit der kirchlichen Lehre gewacht. Aber Gottfried, Abt von Vendome, sprach dagegen, Todesfurcht habe den Pakt mit dem Kaiser, diesem zweiten Judas, diktiert; Zeit sei es, den Vertrag zu zerreißen und Heinrich zu bannen. Damit nicht die Meinung entstehe, der heilige Petrus, der einst über die Wellen gewandert, liege unter diesen Wellen begraben!

Einstimmig fordert die Synode den Bann.

Paschalis gibt zu, daß er barbarischer Beherrschung sich unterworfen – doch weigert er sich, Heinrich zu bannen. »Die an unserer Seite stehen, erheben sich dreist gegen uns«, schreibt er in diesem Herbst an den Kaiser.

Da schwillt die Bewegung an, über ganz Gallien und Burgund. König Ludwig VI. von Frankreich ist ihr günstig gesinnt, und Guido von Vienne, der redemächtige Bischof, tritt an ihre Spitze. Im September 1112 spricht er aus eigener Macht den Bann über Heinrich V. ... Der Fluch der Kirche hat den Vater zu Fall gebracht – der Fluch der Kirche strafe den ruchlosen Sohn!

Nach Italien droht der Funke überzuspringen – in Rom rollt das Gold des Griechenkaisers Alexius, der für sich selbst die Krone der Römer begehrt – und ehe Heinrich ersieht, daß der Ring seiner Feinde sich langsam um ihn legt, erhebt sich Lothar von Sachsen, sein alter Gegner, im eigenen Land ...

In Heinrichs Hoflager kamen und gingen die Großen des Reichs; stundenlang pflog der Kaiser des Rats, ernst und wortkarg wie er war, immer herrisch, klug und tapfer. Zuweilen aber, wenn ärgerliche Kunde kam, schwollen die Adern an seiner Stirn. Dann wagten nur wenige mit ihm zu sprechen.

Es gab kein Weib in seiner Burg. Er, der in schwerer Jugend gegen den eigenen Vater gekämpft, mit vierundzwanzig Jahren das

Zepter über ein unruhvolles Reich ergriffen, er kannte in seinem dreißigsten Jahr nicht mehr die leichte Muße der Jugend. Die eigenen Freunde hatten ihn enttäuscht, mißtrauisch und einsam in seinem Innern lebte er seinem Tun.

Schwere Sorge umgab Bischof Brunos alte Stirn, als er mit seiner kleinen Schülerin über die Brücke der Kaiserpfalz fuhr und seufzend dies alles bedachte. Die Ritter, als sie hörten, wer heute nach Speyer kam, lachten unter sich. Was wollte Kaiser Heinrich mit einem Kind? Er, der nicht einmal Zeit hatte für ein Weib!

Nur Methild war strahlend wie der sonnige Julitag selbst, wenn auch das Herz ihr in den Hals hinauf schlug. Sie beugte sich zurück zur alten Ratbota:

– Glaubst du, daß ich schön bin?

Die lächelte über ihr wetterhartes Gesicht und verbarg die eigene Angst. –

– Gewachsen bist du, sagte Heinrich, und die Ritter fanden, daß es nicht unwillig klang.

– Heb mich bitte hoch, sprach Methild mit pflichtgetreuer Miene, ich kann dir sonst keinen Kuß geben.

– Küssen willst du auch schon? Heinrichs Mundwinkel zuckten belustigt – Bischof Bruno, hat Euer Kloster ihr das beigebracht?

– Herr, meinte Bruno würdig, wir haben getan, was wir konnten ...

Heinrich hob das Kind hoch, küßte es auf den Mund und sagte, als er es wieder auf den Boden setzte:

– Schwer bist du nicht.

Methild gab reihum die Hand, die Männer beugten sich. »Arme Kleine«, dachten die Älteren, und die Jungen schmunzelten. Um solch kindliche Braut beneidete keiner den König. Schwer erkaufte er das Bündnis mit England.

– Geh jetzt, Methild, laß uns allein. Wenn Männer sprechen, haben kleine Mädchen nichts verloren, auch wenn sie Königinnen sind.

– Ja, das will ich auch, fiel Methild ein, ich gehe nachsehen, ob du kleine Pferde hast für mich.

Kanzler Adalbert von Mainz beriet im Kreis der Ältesten die Strafe für einen lothringischen Grafen, der sich dem Kaiser widersetzt. Sie hatten Heinrich bewogen, abzulassen von einer Belagerung seiner Burg. Denn in der Nacht war dort ein Sohn geboren worden, und das Volk nannte die Härte des Kaisers Grausamkeit. – Befriedigt zogen sich die Räte zurück. Da hielt Heinrich Bischof Bruno an:
– Bischof, mir scheint, die Königin ist wohl erzogen. Ich danke Euch und werde St. Maximin Land stiften. Aber sagt – sind alle Kinder ihres Alters so mager?
– Ja, Herr, sie ist im Wachsen. Ihr Körper ist gesund und kräftig, aber es wird noch ein paar Jahre dauern, bis sie zum Mädchen wird …
Heinrich sah zum Fenster hinaus, und es schien Bischof Bruno, als grüble er bereits über anderen Dingen.

Es war durchaus nicht so, daß Methild sehr viel vom Kaiser sah. Ihr Vater hatte mehr Zeit für seine Königin gehabt, das erinnerte sie gut. Aber Ratbota versicherte, deutsche Kaiser hätten immer sehr viel zu tun, und so gab sie sich zufrieden. Außer der alten Dienerin achtete niemand darauf, wo sie blieb. Im äußeren Burghof gab es einen Hühnerstall, Pfauen und große Hunde. Stundenlang trieb sie sich dort herum oder ging zu den Pferden des Kaisers und nannte sie bei Namen. Dann wieder schlich sie, kindlich erregt, um jene Räume, in denen Heinrich beriet, sie spielte Verstecken um Gänge und Nischen wie andere Kinder auch. Nur daß die, vor denen sie sich verbarg, wenn eine Tür ging oder Schritte näher kamen, die Großen des Deutschen Reiches waren – und diese ihrerseits hinter den breiten Säulen der Pfalz – nicht ihre Königin suchten.
Dies Spiel aber weckte gefährliche Tiefen in Methilds Wikingerblut. Bald fing sie an, aus ihren Verstecken heraus den hohen Her-

ren die Schneuztücher aus der Tasche zu ziehen und blitzschnell, ehe sie gesehen war, damit zu entschlüpfen. Abends brachte sie Heinrich die Pfänder, er mußte die Eigentümer raten; Methild war stolz wie ein normannischer Eroberer, und er nannte sie belustigt Räuber und Wikingerbraut ... Bis eines Tages dem Erzbischof von Mainz, dem ersten Würdenträger des Reiches, wie er eben würdig nach hoher Konferenz die Treppen hinabstieg, aus dem Irgendwo die Bischofsmütze vom Kopf herunter gestohlen wurde, ohne daß er eines Menschen ansichtig geworden.

Da gestand sich Heinrich ein, daß er unfähig war, kleine Mädchen zu erziehen. Er rief David, den gelehrten Iren, der Auftrag hatte, die Geschichte seines Römerzugs zu schreiben, und vertraute ihm die Königin der Deutschen an. Gewöhn ihr das Stehlen ab, bat er.

Methild war unsichtbar, wenn die Lehre beginnen sollte, und wurde so lange nicht gefunden, bis der König ohne sie zur Jagd verritt. Da erschien sie in schlecht verhehltem Ärger und erklärte David, daß sie von nun an gewillt sei, ihn anzuhören.

– Es gibt eine Insel im großen Meer Atlantis, erzählte David. Die gehört nicht zur übrigen Erde, sie ist ein Abglanz des Paradieses. Aber es ist ein Paradies ohne Teufel. Deshalb wußten die Menschen dort früher als anderswo die Kunde von Christi Tat. Es ist Irland, Herrin. Von Irland zogen wissende Männer nach Deutschland, zur Zeit, als Eure Vorfahren, die Normannen, noch Heiden waren und im Norden wohnten. Sie trugen rauhe Gewänder und waren ohne alle Habe. In den heiligen Hainen der Germanen, an ihren Weihestätten, erschienen sie und kündeten, daß Baldur, der Lichte, zur Erde gestiegen sei – Christus, der Sonnengott ... Das verstanden die Germanen, und sie begriffen, daß der Abend über ihren Göttern dämmerte und ein neuer Tag heraufgezogen sei. Freude erfüllte ihre Herzen, und unter den heiligen Eichen erbauten sie dem niedergestiegenen Gott Häuser aus Holz. – Die irischen Lehrer sind weitergewandert, über Täler und Berge, gegen Mittag und gegen Abend. Aber nirgends senkte sich ihr Wort so tief in menschliches Gemüt wie im Land der Deutschen ...

Es dämmerte. Durch dicke Mauern fielen schräge Sonnenstrahlen. Methild saß auf hohem Stuhl, ihr Mund stand offen, und von den kleinen gekreuzten Füßen war ein Pantoffel herabgefallen.

– Das, Herrin, und vieles andere noch weiß ich, wenn Ihr es hören wollt –

Im Schloßhof erklang ein Hifthorn. Methild hob behende den Kopf und lief ans Fenster.

– Der König! rief sie und winkte mit einem weißen Tuch. Ich muß gehen, David, Ihr könnt wiederkommen, jeden Tag – wenn der Kaiser es will.

Im Laufe der Wochen brachte der Ire ihr bei, daß der Kaiser an bemaltem Pergament mehr Freude habe als an Taschentüchern. Es entsprach nicht ganz der Wirklichkeit, aber Heinrich hütete sich, es richtigzustellen, und beschenkte David in Huld.

Es war noch kein Monat vergangen, da rief Heinrich Bischof Bruno zu sich:

– Geht heim, Bischof! Ich behalte die Königin bei mir. Was sie noch zu lernen hat, kann sie von mir erfahren.

– Herr Kaiser, wagte Bruno zu erwidern, wenn Ihr im Land umherzieht bei diesen kriegerischen Zeiten, könnte sie Euch beschwerlich sein ...

– Ich habe es mir wohl überlegt. Sie soll beizeiten lernen, daß es kein Wohlleben ist, Königin der Deutschen zu sein. Und ich – möchte mich nicht mehr trennen von ihr.

– Herr, meinte Bruno in aufsteigender Angst, und seine Stimme zitterte, Herr, sie ist noch ein Kind – lange wird es dauern, bis Ihr sie zur Ehe nehmen könnt!

Heinrich lächelte, nachsichtig und ein wenig müde:

– Ich weiß, Bruno, und macht Euch keine Sorgen.

So kam es, wie Methild gesagt, der Bischof kehrte allein zurück nach Trier, und Heinrich V., Kaiser des Reichs, zog mit seiner zehnjährigen Braut durch die deutschen Länder zwischen Basel und Bamberg und gegen die aufständischen Sachsen.

Es wurde Winter und wieder Sommer. Methild stand in ihrem zwölften Jahr. Sie war sehr gewachsen, aber immer noch reichte sie kaum bis zu seiner mächtigen Schulter. Allmählich kannte sie die Städte und Fürsten bei Namen, wußte, was man vor Großen verschwieg, weil sie darüber lachten, trippelte bei Hoftagen in schwerem Samt an des Königs Seite, ein ganz klein wenig gnädig schon. Zuweilen bittet sie, wie man ihr's vorgesagt, um Land für eine Abtei, um Gunst für einen großen Herrn. Dann steht auf dem Pergament: Ob interventum Mathildis reginae dilectissimae nostrae ... Oft reitet sie durch die Dörfer, an Heinrichs Seite, im Knabenwams; und die Bauern fragen, wer der kleine blonde Knappe sei.

Ratbota blieb bei ihr, still und treu. Sie bangte um dieses Mädchen, das aufwuchs wie kein Kind im Land, ohne Muttersorge, ohne Frauenhand, ohne Spielgefährten, ohne ein anderes Heim als die Dutzende von Pfalzen, in denen der König Aufenthalt nahm. Aber Methild schien immer fröhlich, immer wie ein kleiner kecker Vogel, der unter dem blauen Himmel in allen Bäumen zu Hause ist. Selten fragte sie nach England. Aber wenn Heinrich allein verritt, wenn sie ein paar Tage lang nicht um ihn war, dann sprach sie wenig, stritt mit allen Tieren und quälte Ratbota, wann denn der König endlich wiederkäme. – Heinrich hatte so wenig Zeit wie je; dennoch, wenn ihre helle Stimme neben der seinen erklang, hörte das Gesinde durch alle Türen des Königs tiefes Lachen.

Im Herbst 1113, als sie von Würzburg den Main hinunterzogen, sah Ratbota, wie Methild blasser wurde und zuweilen nach langem Reiten des Abends vor Müdigkeit weinte. Sie sagte nichts und verdoppelte ihre Pflege. Aber eines Morgens, in der Pfalz zu Mainz, rief Methild sie an ihr großes, baldachinbedecktes Lager:

– Ratbota – ich weiß nicht – sag mir, sieh – glaubst du, daß ich krank bin?

Ratbota neigte sich. Dann küßte sie scheu die Hand der kleinen Herrin auf dem Linnen. Sie hatte Tränen in den Augen.

– Königin, Ihr seid nicht krank – Ihr seid erwachsen, stammelte sie, Ihr müßt es dem König sagen!

– Dem König? fragte Methild erschrocken.

– Ja, Herrin – denn jetzt könnt Ihr heiraten!

Es stürmte an diesem Tag, der Wind warf die ersten trockenen Blätter durch die hohen Bogenfenster der Burg, tiefrot ging die Sonne unter. Lange hatte Heinrich getagt, schwierig war die Beratung mit den Fürsten des Reichs. Müde saß er, als die letzten gingen, und blickte starr in das Feuer des Kamins. Erst als Methild ihre Hand in die seine legte, begriff er, daß sie da war. Ihr Gesicht war schelmisch und ein wenig verlegen.

– Hat Methild heute meine Fürsten geärgert oder mit den Hunden gejagt? fragte er, langsam aus seinem Sinnen erwachend.

Sie schüttelte den Kopf:

– Nein. Sondern – ich bin erwachsen geworden –

– Erwachsen? Sieh an! Hast du Geburtstag oder ein längeres Kleid?

– Auch nicht. – Heinrich – Ratbota meint, ich sei erwachsen, und ich soll's dir sagen ... weil du mich jetzt heiraten kannst –

Methild hatte verlernt, sich vor seinem Ungestüm zu fürchten, aber an diesem Tag hätte sie doch beinah um Hilfe gerufen.

– Du bist viel stärker als mein Vater, keuchte sie endlich, als er sie freigab, ich glaube, du willst mich ersticken –

Sie stand längst schon allein. Heinrich war davongeeilt.

– Ratbota! Ratbota! rief er laut durch die Pfalz. –

Drei Tage später tat der König kund, daß er ganz Deutschland zum Dreikönigsfest nach Mainz entbiete. Er wolle eine Siegesfeier rüsten, herrlich wie keine noch auf deutschem Boden. Denn er, Heinrich V. von Gottes Gnaden König der Deutschen und Kaiser der Römer, werde Hochzeit halten mit Mathildis, der Tochter König Heinrichs I. von England und der Normandie.

Auf den 6. Januar 1114 war ein Reichstag nach Mainz einberufen. Heinrich ließ die deutschen Fürsten schwören, sich in der zweiten Woche nach Pfingsten zum Heerzug gegen die Friesen einzufinden. Dies Volk erdreistete sich, frech geworden durch die Sicherheit seiner Wohnsitze, die geschuldete Zahlung der jährlichen Abgabe zu verweigern. Heinrich duldete keinen Stamm in seinem Reich, der ihm nicht dienstbar wurde. Er ließ zur See rüsten, um die Inseln der Friesen unsicher zu machen. Über diese Inseln ging der Weg nach England ...

Tags darauf hielt er Hochzeit. Kein Greis konnte sich erinnern, je eine solche Zahl Vornehmer beisammen gesehen zu haben. Fünf Erzbischöfe, dreißig Bischöfe, fünf Herzöge vermochte man noch zu zählen; sie erschienen als Zeugen in der Kirche von Mainz, während Erzbischof Adalbert den Segen sprach über Kaiser Heinrich und die zwölfjährige Königin der Deutschen. Aber auch der scharfsinnigste Rechner war nicht mehr imstande, die Menge der Grafen, Pröpste und Äbte festzustellen, oder gar der Ritter. Die zahllosen Geschenke der Könige und Fürsten zu nennen, war sowenig möglich, wie ein Kämmerer des Kaisers in diesen Tagen wußte, was er empfangen und ausgegeben. So erklärten die Zeitbuchschreiber.

In der kaiserlichen Pfalz war das Prunkmahl gerichtet. An langer Tafel, von goldschimmerndem Tuch überzogen, nur an einer Seite mit Tellern bedeckt, saß der Kaiser an der rechten Seite Methilds. Die Speisen wurden auf kleinen Pferden in den Saal gebracht und von Fürsten gereicht. Friedrich von Schwaben, Welf von Bayern, Heinrich von Kärnten dienten nach alter Sitte. Wladislaw von Böhmen waltete zum erstenmal als Schenk. Und Lothar von Sachsen, der Rebell, erschien barfuß, in durchlöchertem Mantel, erbat Gnade für einen Aufruhr. Huldvoll wurde er aufgenommen und verpflichtet zum Heerzug gegen die Friesen. –

Fahrendes Volk war aus dem Reiche zusammengeströmt und gaukelte in den Straßen, aus des Kaisers Schatzkammer reich beschenkt. Sänger belustigten die erlauchte Gesellschaft mit Liedern aus alter Sage.

Dann tritt Erlung, der Bischof von Würzburg, vor und beugt sich vor Methild:

– Herrin! Dir bringt der vom Staub jetzt neu erwachende Erdkreis von Meer zu Meer, ja vielmehr die ganze Welt vom Aufgang der Sonne bis zum Niedergang in unbeschreiblichem Jubel seine Glückwünsche dar …

Es ist still geworden. Methild senkt den Kopf und streift schnell noch Heinrichs Augen. Er blickt ernst, und so verbirgt sie ein Lachen. Sie versteht nicht, was Bischof Erlung meint.

– Herrin! Dir übergebe ich die Chronik der deutschen Kaiser. Sie ist im Kloster zu Bamberg begonnen, auf dem Michelsberg, den Kaiser Heinrich II. der Sachse gegründet hat. Ekkehard von Aura hat sie vollendet. Dir sei sie gewidmet, denn sie kündet von deinen adeligen Sitten, deiner Schönheit und deinem ausgezeichneten Tun, dem Erbteil hochedlen Stammes von Vater und Mutter. In dir, Herrin, grüßt die Zukunft die Mutter der Erben des kaiserlichen Throns. Denn du bist die Zierde und der Ruhm des englischen Königtums und des Reiches der Deutschen!

– Ich danke Euch, sagte Methild leise und errötete ein wenig. Sie hielt das schwere Pergament auf den Knien und flüsterte, zu Heinrich gewandt:

– Was soll ich damit tun?

Er nahm ihr den Band aus den Händen:

– Wenn du gut lesen lernst, liest du mir einmal vor daraus. Mir macht es zu viel Mühe.

– Und was ist das: Ruhm?

Er zog die Brauen zusammen:

– Das, was ich nicht haben werde im Andenken der Menschen.

– Dann will ich es auch nicht!

– Doch, du sollst Ruhm erwerben, für mich und dich – und unseren Sohn!

Sie kaute verlegen an ihrer Pastete, spielte mit dem Tüchlein unter ihrem Teller. Nur blitzschnell sah sie von der Seite zu Heinrich empor:

45

– Bekomme ich jetzt einen Sohn? – Noch nicht, sagte Heinrich. Aber bald.

Dann fielen die Bläser ein, laut tönte die Freude des Volkes von der Straße herauf. Sie konnten nicht mehr sprechen. Bis gegen Abend dauerte das Tafeln und Trinken, Rufen, Lärmen und Spielen.

Als Heinrich sich endlich erhob und seine zwölfjährige Kaiserin an der Hand nahm, ordneten die Großen sich zu einem Zug, Fakkelträger erschienen, und plötzlich verstummten die Spieler. In feierlichem Schritt geleiteten des Reiches Fürsten Heinrich und Methild durch die Gemächer.

– Wann gehen sie alle weg? fragte Methild ärgerlich. Aber Heinrich antwortete nicht. Schon kamen sie ins Schlafgemach, wo unter purpurner Seide ein Lager bereitet war. Trotz des Winters hatte man Blumen auf die Fliesen gestreut, und im Kamin brannten duftende Hölzer.

Im Kreis stellten sich die Fürsten auf und blickten nach ihnen … Wie würde sie jetzt das Bett besteigen? dachte Methild.

Da hob Heinrich sie rasch empor, schob ihre Füße unter die Dekke – und ehe sie's recht versah, lag er neben ihr.

Dasselbe Linnen deckte sie beide …

Erst als die Fürsten dieses gesehen, neigten sie sich grüßend und gingen, den Rücken zur Tür gewandt, einer nach dem andern.

– Ich danke euch, rief Heinrich, und Methilds dünne Stimme erklang im Echo.

Schritte verklingen, das Murmeln der Stimmen erstirbt … Unter dem Baldachin flackert ein kleines Öllicht. Sonst ist es dunkel. Draußen prasselt der Schneesturm an die Holzläden, und das Bett ist sehr kalt. Heinrich liegt auf dem Rücken und rührt sich nicht.

– Schläfst du schon? fragt Methild leise.

– Nein.

Warum klang seine Stimme so fremd?

Sie legte vorsichtig einen Arm über seine breite Brust und drückte den Kopf an seine Seite.

– Kaplan David hat mir gesagt, wenn wir unter einer Decke liegen, bin ich deine Frau!

– Der muß es wissen!

Heinrich lachte so laut, daß die Holzwände dröhnten. Methild wußte nicht genau, weshalb, aber sie wollte nicht, daß jemand es hörte. Sie legte sachte die Hand über seinen Mund.

Aber weil sie viel getrunken und viel erlebt an diesem Tag, fielen ihr die Augen zu.

– Entschuldige, sagte sie, ich glaube, ich muß jetzt schlafen. Der Kopf tut mir auch ein wenig weh. Die Krone war so schwer ...

Sie fühlte noch, wie Heinrich die Decke über ihre Schultern zog, die Schuhe von ihren Füßen streifte, ihren Kopf sehr sorgsam in die Kissen legte.

Dann schlief sie ein.

Und so verging die erste Nacht in der Ehe Heinrichs V.

Am Morgen – der König war längst auf den Beinen – klatschte Methild in die Hände. Ratbota erschien mit den drei neuen jungen Dienerinnen, die den Staat der Königin bilden sollten.

Die räkelte sich, rosig und strahlend, in dem riesigen Bett.

– Ratbota, dich allein will ich. Ich brauche nur dich zum Anziehen.

Die drei Jungen verschwanden. Methild richtete sich auf.

– Du, ich muß dir etwas sagen ... So gut geschlafen wie heute habe ich noch nie!

Die Alte stutzte: Was mochte das bedeuten? Sollte man froh oder bange sein?

– Im Ernst, nickte Methild, wenn man verheiratet ist, schläft man wunderbar!

Da Methilds Augen frisch und klar waren und es vom Kaiser hieß, er habe bereits in bester Laune seine Fürsten empfangen, beschloß Ratbota, an ein Wunder zu glauben.

Es war ein sonderbarer Winter. Ende Januar schon begannen die Frühlingsstürme, zerrissen in einer Nacht das Eis der Flüsse und

47

wehten feuchtwarm um den Rhein. Die Sterne flackerten aus tief-
dunklem Himmel, und von den Tannen tropfte der schmelzende
Schnee.

In diesen Wochen zog Heinrich mit Methild rheinaufwärts. Er,
der Kaiser, hatte keine Zeit für Hochzeitswochen. Zum Heerzug gegen die Friesen sammelte er, in Worms, in Speyer, in Straßburg und Basel. Durch Schnee und Eis und tiefen Sumpf, immer am
Rhein entlang, zogen sie. Die Wogen gingen hoch, schmal war die
Lichtung zu beiden Seiten der Ufer, mühsam ging es vorwärts.

Methild saß zu Pferd wie die Männer auch, kein Wagen konnte
fahren zu dieser Jahreszeit. Drei Grafen und fünf Bischöfe zogen
mit dem Kaiser, und von allen die Dienerschaft.

Damals war es, zwischen Mainz und Basel, nach mühevollen Tagen der Reisebeschwer und Kriegsberatung, daß Heinrich Methild
küssen lehrte. Zuweilen war es der Strohsack einer Burg, auf der sie
schliefen; zu Speyer und Straßburg, in der kaiserlichen Pfalz, Kissen
aus Adlerfedern und seidenes Zeug über prunkvoll geschnitztem
Spannbett; einmal überraschte sie die Dunkelheit, da mußten sie im
Zelt schlafen, auf einem Bärenfell ...

Das war im Elsaß, dort, wo unweit davon der Rhein gegen Basel
biegt. Und es war eine Märznacht voll ersten Frühlingswebens,
schwarz standen die Wälder vor leise erleuchtetem Himmel, vom
Ufer flogen Entenscharen auf, schüchtern im Nadelholz sang eine
Amsel, und Methild sah zu Heinrichs Ergötzen kleine blaue Irrlich-
ter im Schilfe tanzen ...

Als sie in Basel einzogen, unter dem Glockengeläut des rötlichen
Domes von Heinrich dem Sachsenkaiser, lächelte Methild stiller
und mädchenhafter als vordem. Die Fürsten, die zum Hofgericht
gekommen waren, weil der Graf von Lenzburg und die Leute des
Dorfes Schwyz die Grenzen des Klosters Einsiedeln verletzt hatten,
die Herzöge von Schwaben und Zähringen, die Bischöfe von Basel,

Chur, Novarra und Lausanne priesen die Lieblichkeit des jungen Kindes an des Kaisers Seite.

Der Graf von Habsburg aber kniff ein Auge zu:

– Kind? Ich wette, die Kleine ist doch schon Heinrichs Frau!

EROBERERBLUT

– Wirst du alle Friesen gleich gefangennehmen? fragte Methild, als sie stolz an des Kaisers Seite rheinabwärts zum Heerzug ritt.

– Das will ich gar nicht, antwortete Heinrich, sie sind zu mächtig, und ich brauche sie.

– Aber den Kanzler Adalbert hast du doch auch in Haft geworfen – obwohl er mächtig war und du ihn brauchst ...

– Das verstehst du nicht. Sieh, Adalbert hat die Wormser gegen mich aufgewiegelt, als ich krank lag, er hat nach meinem Leben getrachtet, er reizte die sächsischen Fürsten, und schließlich wurde er der Freund jenes Guido von Vienne, der mich verflucht hat ... Aber freilich – seit er gefangen sitzt, verhandelt Friedrich von Köln statt seiner mit dem fränkischen Klerus.

– So nimm doch auch Friedrich von Köln gefangen!

Sie rief es hell in den Morgen hinaus, und ihr Roß überholte den Kaiser. Heinrich sah ihren spitzen kleinen Hut über dem fliegenden Mantel –

– Du bist doch schon ein Weib! rief er ihr nach und lachte dazu.

Aber der friesische Heerzug begann damit, daß die Vorhut der Kölner in einen Hinterhalt geriet und viele ihrer Tapfersten fielen. Ein unglücklich Vorzeichen, meinten die Kölner – sie, die dem Kaiser nicht hold waren seit den Tagen seines Kampfes mit dem eigenen Vater. Und verließen im Schutz der Nacht das kaiserliche Lager.

Von Erzbischof Friedrich wurden sie in Wohlwollen empfangen

– er selbst bekannte sich nun offen zu Guido von Vienne und seinem Bannspruch wider den Kaiser; er verschanzte die Stadt und sammelte Truppen im Rücken des Heeres.

Heinrich war tapfer, aber er vergaß auch im Felde nicht, klug zu sein; schleunigst brach er die Fehde ab und kam vor Deutz, vergalt den Kölnern mit Schwert und Feuer bis gegen Bonn und Jülich. Aber auch die Bischöflichen taten ein Gleiches – weitum rauchte das Land, klagten die Bauern, plünderten die Mannen. Es war ein wüster Sommer und böser Herbst.

All die Zeit über blieb Methild bei dem Kaiser. Auf hartem Lager schlief sie wie er und ritt an seiner Seite unter den Männern. Selten ließ er sie zurück, wenn er den Kämpfenden nah sein wollte. Dann spürte sie ihn auf wie ein witterndes Wild und war glücklich wie ein Kind, wenn sie ihn fand, und klug wie ein Weib vor allen Gefahren. Stolz erkannte er in ihr das Erobererblut – erwachende Wikingerahnen. Und in den kurzen Pausen zwischen Kampf, Verrat und Niederlage erlebte Heinrich, der Tyrann, seine versäumte Jugend im Widerschein von Methilds Frohsinn.

Von überall her wuchsen neue Kräfte den Aufständischen zu, aus Lothringen und Westfalen – und schließlich verschworen sie sich mit Lothar von Sachsen – wider den Tyrannen, der im Begriff war, die Kirche und das deutsche Fürstentum unter die Macht seiner glücklichen Faust zu zwingen, der weltliche Lehen und kirchliche Güter gleich selbstherrlich vergab, Fürsten in Verkerkerung schmachten ließ und niedriggeborenen Ministerialen die Gewalt von frei geborenen Männern gab, weil sie sich tiefer vor ihm beugten als die alten Herren des Landes. –

Es setzte ein nebliger Spätherbst ein und erstickte alle Fehde. Als die Weihnachtszeit nahte, berief Heinrich die sächsischen Fürsten nach Goslar in seine Pfalz.

Aber vergebens wartete er mit seinen Getreuen; keiner von ihnen fand sich ein ...

In dieser Weihnachtsnacht 1114 im Dom zu Goslar erschrak Met-

50

hild, als sie Heinrichs Antlitz erblickte. In seinen reglosen Augen spiegelte sich der Schein der Kerzen, eine schwere Falte kreuzte die Narbe seiner Stirn, und als sie leise seinen Namen sprach, hörte er nicht. –

Heinrich war Kunde geworden, daß Kuno, der päpstliche Legat, der als erster dem deutschen Kaiser geflucht, neuerdings und mit Wissen des Papstes vor dem fränkischen Klerus ihn gebannt; daß Friedrich von Köln sich mit ihm verbunden und Adelgeto von Magdeburg; daß die sächsischen Fürsten sich zu Walbeck versammelt und der Schwur, den sie sich gegenseitig geleistet – gegen ihn gerichtet war ...

Und nun hielt er ein Schreiben in Händen, in dem Kuno auch um Otto von Bamberg warb – den kaisertreuen Bischof im Bayernland. Noch war Otto auf seiner Seite – wie lange noch?

Heinrich sah in diesen Winternächten von Goslar, wie seine Feinde vom Frankenreich über den Rhein bis nach Sachsen ihre Hände streckten, wie ihre Finger, kreisend über das Reich, schon um Bamberg sich bogen ...

Auch Methild konnte ihn nicht erheitern. Oft saß sie schluchzend in der dunklen Pfalz von Goslar, während der Schnee rastlos auf die Tannen fiel, und ihre zwölfjährige Weisheit grübelte, warum Heinrich so traurig sei an diesem ersten Weihnachtsfest ihrer Ehe. –

Von Goslar aus schrieb Heinrich über vierzig Tage eine Heeresrüstung aus; das bedeutete Krieg gegen die Sachsen.

DIE SCHLACHT AM WELFESHOLZ

Als Methild erstmals den Grafen Hoier von Mansfeld sah, während ihrer Hochzeitsfeier zu Mainz, Hoier, der im Jahr 1113 in des

Kaisers Dienst die eigenen sächsischen Stammesbrüder botmäßig gemacht, da sagte sie:
– Sieh, Heinrich, er ist meinem Bruder Wilhelm ähnlich!
Und Heinrich erwiderte:
– Ihr seid ja auch Sachsen von eurer Mutter her. Wenn du treu bist wie Hoier, mag es gut sein.

In diesen ersten Wochen des Jahres 1114, als der Kaiser seine Truppen sammelte, Braunschweig besetzte, Halberstadt und Orlamünde bedrängte, während der große Angriff der Sachsen vor der Tür stand, war Graf Hoier oft in der Nähe des Kaisers. Und während der mit anderen des Rates pflog, blieb er in Methilds Nähe. Am Feuer des Kamins saßen sie, die Kaiserin auf prunkvollem Faltstuhl, Hoier auf einem Lederkissen – nicht weit von ihren seidenen Schuhen.

– Herrin, sagte er, Ihr seht aus wie mein kleines Töchterlein –
– Habt Ihr denn ein Weib? fragte Methild frauenhaft.
– Nicht mehr. Sie starb, als sie mir zwei Kinder geboren. Doch – was sollte mir ein Weib? Ich ziehe im Land umher, zwischen meinen Gauen Bautzen und Nisani, ich sammle Ritter und Knechte für des Kaisers Sache. Schlecht paßt zu solchem Mann eine Frau – denn nicht alle können reiten wie Kaiserin Methild.

Es war der erste Mann, der vergaß, daß sie ein Kind war, und Hoier war froh und schön ... Gern hörte Methild, was er sprach.

– Mansfeld, das Schloß meiner Väter, liegt zwischen tiefen Wäldern auf einem Felsen. Ehe es Grafen von Mansfeld gab, wohnte auf dem Schloß ein Ritter. Georg hieß er. Auf dem Lindberg aber, nach Eisleben zu, hauste ein Lindwurm. Dem mußten die Bewohner des Dorfes jeden Tag ein Mädchen als Zoll geben, damit er sie alle leben ließ. Bald war in dem kleinen Ort keine Jungfrau mehr zu finden. Da forderte der Lindwurm die Tochter des Ritters Georg. Nun zog Georg gegen den Lindwurm aus und erlegte ihn nach heißem Kampf. Seitdem hieß er Sankt Georg. Sein Bild wurde über die Kirchtür zu Mansfeld in Stein gehauen, dort könnt Ihr ihn sehen, wie er den Drachen tötet. –

Weil es Sitte war bei den Normannen, daß ein Gast, der eine Mär erzählte, auch eine empfangen mußte, und weil Methild gerne zeigte, daß auch sie etwas gelernt, begann sie:

– Sehr lang ist es her, als mein Vater noch nicht herrschte, da war die Insel Irland auch von einem Drachen bedroht. Die Menschen erschraken und zogen aus, ihn zu töten. Als sie ans Ufer kamen, lag er tot und hatte ein Schwert in der Weiche, das war nicht auf der Erde gemacht. Der Erzengel Michael stand plötzlich vor ihnen und befahl, auf seinem Berg ihm zu danken. Die Irländer glaubten nun, er habe den Monte Gargano gemeint, den Berg des heiligen Michael in römischem Land, und schickten ihre Abgesandten mit dem himmlischen Schwert dahin. Aber die kamen nur bis ans fränkische Ufer, dorthin, weißt du, wo heute normannisches Land beginnt. Und wenn sie am Tage noch so weit gewandert: immer wieder in der Nacht kamen sie auf den gleichen Platz zurück. Da begriffen die Irländer erst, daß die Felseninsel am fränkischen Ufer gemeint war, und legten dorthin das Schwert, das den Drachen getötet. Es ist der Mont Saint Michel, und daher steht das Land der Normannen, das mein Vater beherrscht, unter dem Schutz des Erzengels Michael.

Hoier hatte den Kopf auf die Knie gelegt und sah zu Methild auf. Unter seinen gelben Haaren standen blanke Augen, und es schien Methild, als lächle er ein wenig über sie. Aber Hoier konnte man nicht böse sein, er hatte für den Kaiser gekämpft. Vielleicht irrte sie sich auch; denn jetzt wurde Hoier sehr ernst, und langsam begann er:

– Auch von meinen Ahnen, Herrin, war einer in England. Er gehörte zur Tafelrunde des Königs Artus, und man sagt, er sei berühmt gewesen durch seine Tapferkeit und seine roten Haare. Hoier hieß er, wie ich. Nach einer Schlacht sagte König Artus zu ihm: »Das ist ein rechter Mann im Feld!« Seither hieß er Mansfeld, und auch in England gibt es noch heutigen Tags das Geschlecht der Mansfield ...

Kaiser Heinrich betrat den Saal und fand seine kleine Kaiserin mit Hoier beim knisternden Feuer.

– Ich glaube gar, Graf Hoier lernt Minnedienst ... Er fängt nicht
wenig hoch an, das muß man ihm lassen! Aber kommt mit mir,
Hoier, es gibt Wichtigeres zu sprechen ...

Methild sah zu Heinrich auf und haschte nach seinem Blick. Sie
begriff nicht, warum er an ihr vorbeisah und ungeduldig schien, als
Hoier abschiednehmend ein Knie vor ihr beugte. –

Es gab viele Rätsel in diesen Wochen, und da war niemand, den
sie fragen wollte; seit Ratbota, die Alte, tot war, hütete sie alles, was
Heinrich betraf, schweigend in ihrem Kindersinn.

Die Sachsen, beunruhigt durch einen Angriff der Wenden in ihrem Rücken, suchten den Kaiser noch einmal zu beschwichtigen.
Aus Notwendigkeit hätten sie zur Verteidigung gegriffen, weil es
hieß, der Kaiser wolle sie zinsbar machen. Aber Heinrich war er-
zürnt und entschlossen zum Waffengang. Es galt, die Front der
Feinde zu sprengen, die übergriff auf sein eigenes Land.

Er brach von der kaiserlichen Burg Wallhausen auf, am Südrand
des unteren Harz, im Tal der Helme vereinigte er seine Kräfte.

Methild sollte in Wallhausen bleiben, bis die Schlacht vorüber
war und der Kaiser, der mit dem Heer zog, wiederkam. An jenem
letzten Tag trat Hoier vor sie. Er bog ein Knie und hielt ihr das
Schwert entgegen.

– Was soll ich tun? fragte Methild.

– Frau Kaiserin, Ihr sollt es nehmen und mir wiedergeben!

Sie wog es in der Hand, es war eine breite Klinge, mit alten Zeichen beritzt, die sie nicht verstand.

– Siege für den Kaiser! sagte sie froh.

Er nahm das Schwert und küßte die Hand, die es ihm gab. Da fiel
ihr Blick auf Hoiers Scheitel – und sie erbleichte.

– Graf Hoier, flüsterte sie, kommt heil wieder zurück!

Er sprang auf die Füße:

– Und siegreich! rief er laut.

Auch Heinrich nahm Abschied von ihr.

– In wenigen Tagen bin ich zurück. Es wird gut gehen. Hoiers

Mannschaft ist ausgezeichnet, Hoier selbst führt das Vordertreffen.
– Hoier? rief Methild, und ihre Stimme zitterte – nicht er!
Heinrich runzelte die Stirn:
– Was verstehst du davon?
– Nichts – nur – ich glaube, er wird fallen … Ich habe seine Haare
blutig gesehen.
Zornig kehrt sich Heinrich zur Tür:
– Beim Kreuz Christi, seit wann prophezeist du Unglück? Sein
Haar ist gelb wie deines! Und ich werde ihn zum Herzog von Sachsen machen nach dem Sieg.
Er schied ohne Gruß, und als sie vom Söller winkte, kehrte er
nicht mehr sein Pferd.

Glänzend gerüstet war Hoiers Jungschar, er selbst mit Weg und
Steg und Leuten vertraut; in blanker Rüstung, mit Fähnlein und geharnischten Pferden, zogen Heinrichs rheinische Truppen daher;
mit Pfeilen wohl versehen das thüringische Fußvolk.
Vor Eisleben musterte der Kaiser sein Heer und ordnete selbst die
Reihen. Dann zogen sie auf der uralten Straße über Volkstedt und
Siersleben gegen Hettstedt. Es schneite aus grauem Himmel, tief
sanken die Pferde in Morast.
Ehe sie Hettstedt erreichten, am Abend des 10. Februar, in der
Gegend von Hübitz, wurden die Heere einander gewahr.
Die Dunkelheit brach herein, dicht voreinander lagerten sie, die
Kaiserlichen und die Sachsen, getrennt durch die Breite eines lichten
Waldes. Unablässig fiel der Schnee und verdeckte die Geräusche der
wachenden Heere. Eine ahnungsvolle Nacht verging zu beiden Seiten des Waldes.
In den ersten Morgenstunden klärte der Himmel sich auf. Ein
düsteres Frührot schien durch die Stämme. Es war Donnerstag, der
11. Februar 1115. Auf sächsischer Seite las Reinhard, der Bischof
von Halberstadt, eine Messe auf freiem Feld. Herzog Lothar stand
barhaupt vor dem Altar, der Führer der Aufständischen.
– Ihr kämpft als Christen gegen heidnische Macht, ihr kämpft für

Freiheit und Vaterland, verkündete Bischof Reinhard. Ein gottloser Kaiser führt eure Gegner. Zieht hin und streitet mit dem Segen der Kirche!

Auf der Seite des Kaisers wartete Hoier mit seiner Jungmannschaft ungeduldig auf den Tag. Ehe es vollends hell geworden, gab er das Zeichen. Siegessicher klang sein Horn, ungestüm stürmte die Vorhut dahin, mühsam folgte das Fußvolk.

Dicht vor den Reihen der Sachsen sprang Hoier vom Pferd und drang mit geschwungenem Schwert auf die Gegner ein. Vor seinen gewaltigen Streichen wichen die nächsten, Wipprecht nur stellte sich zum Kampf. Für ihn, den Geächteten, stand alles auf dem Spiel. Auch er war tapfer und in Waffen geübt. Unbedenklich sprang er dem Todfeind entgegen.

Sein Speer traf im Anlauf Hoiers Brust und drang durch die Maschen seiner Wehr. Luotolf, Hoiers Gefährte, zog ihn heraus, Hoier stürmte aufs neue wie ein wütender Stier. Prasselnd fielen die Schläge seines Schwertes auf Wipprechts guten Schild. Schon sickert Blut aus Hoiers Brust, aber er haut zu in mächtigem Schwung.

Doch der schneeige Grund, vom Stampfen seines Tritts vereist, wird glatt ... Während er zum sechstenmal ausholt, gleitet sein Fuß nach hinten.

Wipprechts Körper reckt sich hoch, blitzschnell, schnurgrad saust sein Schwert auf Hoiers Scheitel. Der bricht zusammen, blutbesudelt, noch einmal reißt es ihn hoch. Da dringen drei Schwerter durch die Fugen seines Panzers, Hoier von Mansfeld, der Führer der Kaiserlichen, ist tot.

Nun bricht es los in den wartenden Heeren, wie nach der Stille vor tobendem Sturm, siegesgewiß fechten die Sachsen, erbittert das führerlose Heer der Kaiserlichen. Weit durch die Wälder hallt ihr Geschrei und Gestampf. Zu Mittag führt der Bach, der in der wärmenden Sonne durchs Eis bricht, Blut.

Einmal scheinen die Sachsen zu weichen. Aber Hoiers Schar ist zusammengeschmolzen, Hunderte der Seinen decken die Walstatt.

Ehe die Dunkelheit hereinbricht, weiß Heinrich, der von der Anhöhe den Kampf verfolgt, daß er verloren hat. Im Schutze der Nacht sammelt er die Reste seines Heeres zum Abzug. Als die Sachsen zwischen Leichen und blutigem Schnee den Morgen des 12. Februar erleben, begreifen sie, daß ihr Herzog als Sieger auf dem Platz geblieben.

– Gott hat Christen gegen Heiden siegen lassen, erklärt der Bischof von Halberstadt, und verbietet, die Leichen der Kaiserlichen zu begraben.

In dunklem Zorn, auf dampfendem Pferd, erreicht Heinrich Wallhausen.

– Vielleicht ist es nicht so schlimm, wagt Methild zu sagen.

– Doch, erwidert Heinrich, sehr schlimm, und stampft mit dem Fuß. Aber alles wäre gut gegangen, wenn nicht Hoier –

– Hoier? drängt Methild.

Heinrich, der am Fenster stand, wandte sich um. Er legte die Hand auf ihr Haar, und es war eine Abbitte darin.

– Ja, Hoier fiel. Als erster. Wipprechts Schwert traf ihn – mitten auf den Scheitel.

Aus Methilds Augen rannen Tränen über die Wangen und tropften auf ein grüngoldenes Kleid. Wegen Heinrichs verlorener Schlacht. Und wegen Hoier ... Aber ganz tief in ihrem Herzen glomm die Freude hoch, daß Heinrich wieder gut war.

– Das Gezücht meiner Feinde wird sich erheben, sprach Heinrich vor sich hin, sie werden sich nicht mehr vor mir fürchten, weil ich die erste Schlacht verlor.

– Kümmere dich nicht um die Treulosen, riet Methild.

Er hörte nicht:

– Der Ring will sich schließen um mich. Durchbrechen muß man ihn! Ich gehe nach Rom!

– Rom! rief Methild. Und jetzt nimmst du mich mit!

Sie klatschte in die Hände und tanzte im Kreis, so schnell, daß ihr schweres Gewand über den Knöcheln sich hob.

Er blickte nach ihr, mit umschatteten Augen. Dann riß er sie an sich.

– Methild! rief er und starrte sie an.

Seinen großen Kummer hatte sie nicht ganz verstanden; nun aber begriff sie, in diesem einen Augenblick, daß er bei ihr Vergessen suchte – und Treue.

In plötzlich aufwallender Glut preßte er ihren Körper an den seinen, daß sie aufschrie vor Schmerz, ehe sie in Lust versank.

EKKEHARDS KAISERCHRONIK UND
DER ZUG NACH ROM

Das Osterfest des Jahres 1115 feierte Bischof Kuno von Präneste, päpstlicher Legat für Frankreich, in Köln. Er war ein betagter Herr, aber die Feindschaft gegen den Kaiser verlieh ihm jugendliche Kräfte. Zu Sankt Gereon sprach er von der Kanzel herab, mit wunderbar klingender Stimme, den Bann über des Reiches Oberhaupt. Dann reiste er nach Sachsen und wiederholte auch hier vor den Mächtigen des Landes, daß ein Verfluchter die Krone trage.

Kurz darauf brandschatzte Herzog Lothar kaiserliche Burgen am Niederrhein, und im September unterwarfen sich die sächsischen Bischöfe, die von ihrem Kaiser Ring und Stab genommen, der Buße von Rom. – »Die Sachsen seien von jeher Gott getreu und dem heiligen Petrus gehorsam gewesen«, schrieb der Papst ihnen zurück.

Zwar verblieb Paschalis im Briefwechsel mit Heinrich, aber sein Stand war schwer, und immer klarer zeichnete sich die Front um Heinrich V.

Da kam Nachricht aus Tuscien, daß Mathilde, die große Gräfin, verschieden sei. Sterbend hatte sie noch einmal Kaiser Heinrich als Erben eingesetzt ... Aber es lagen Erklärungen aus früheren Jahren zugunsten der Päpste vor, und Tuscien war ein reiches Land. – Heinrich begriff, daß sein Zug über die Alpen eilte.

Um das Reich zu beruhigen, gebot er für den 1. November einen Reichstag nach Mainz. Allen wolle er freies Gehör geben, den Fürsten solle Rechtfertigung geschehen, Besserung verspreche er in allem was »gegen die Ordnung in jugendlichem Tun vollzogen worden«.

Aber die sächsischen Fürsten erschienen auch diesmal nicht.

Und in die Pfalz von Mainz, wo der Kaiser wohnte, drangen eines Nachts bewaffnete Bürger mit Geschrei:

– Gib uns Adalbert, unseren Bischof, wieder! Er schmachtet seit drei Jahren im Kerker!

In der Stadt läuten die Glocken Sturm, die wenigen Hofleute ergreift Furcht:

– Herr Kaiser, sie werden die Pfalz in Schutt verwandeln und Euch darunter begraben!

Heinrich tritt selbst vor die Männer, ruhig und unbewaffnet:

– Gut. Ich will euch den Bischof wiedergeben. Binnen drei Tagen soll er frei sein. Aber ihr stellt mir Geiseln für seine Treue zum Reich!

Der Kaiser verläßt Mainz am Tage darauf. Als er im Burghof aufs Pferd steigt, wartet Methild schon auf dunkelfarbenem Roß. Er blickt auf, sieht sie an. Dann streckt er seine Linke aus und hebt sie mit einem einzigen Griff auf seinen Sattel.

Er spricht kein Wort, und Methild rührt sich nicht, nur die Augen schließen sich über lächelnden Lippen.

Sie reiten durch leere Straßen – kein Freund und kein Gegner wagt sich vors Haus – stumm öffnet sich das Tor.

– Sie fürchten mich auch heute – und ich habe doch nur die paar Männer und dich! flüstert Heinrich in ihrem Nacken und schlägt den Mantel fester um sie.

Methild dreht den Kopf. Da küßt der Kaiser seine Frau auf den Mund, mitten auf der Landstraße und im Angesicht von Mainz.

Zwei Tage darauf zieht Adalbert ein in seine Stadt, weinend tragen ihn gerührte Bürger auf ihren Schultern, Frauen küssen seine Hände, und er segnet mit zitternder Stimme.

– Ihr müßt dem Mainzer vergeben, Herr Kaiser! drängen Heinrichs Getreue, sein Unglück triumphiert über Euch und über uns alle!

– Er hat nach meinem Leben getrachtet, ihr wißt es! Heut noch sähe er lieber Lothar, den Sachsen, auf dem Thron als mich!

Friedrich von Hohenstaufen, des Kaisers Neffe, der mit den hellen, klugen Augen, stellt sich vor des Oheims Sessel:

– Wenn ich Stadthalter sein soll, während Ihr in Rom seid – dann vergebt zuvor dem Mainzer! Die Rache der Seinen ist schlimmer als seine Freiheit!

Zu Speyer tritt Adalbert vor den Kaiser, im großen Saal der Burg. Heinrichs verschlossenes Gesicht erblaßt, als er den einstmals Vertrauten wiedersieht. Der ist ein alter Mann geworden, zum Skelett gemagert und greisenhaft gebückt; der Schatten eines Lebenden. Mühsam biegt er das Knie:

– Habt Erbarmen, Herr Kaiser, und verzeiht!

Sein Kopf mit den dünnen gebleichten Haaren hebt sich ... Heinrich sieht in zwei Augen – die lohen von Haß. Plötzlich fühlt er, daß Adalbert, der immer sein Feind gewesen, ihn nunmehr, nach den drei Jahren der Haft, hassen wird bis über den Tod hinaus.

– Steht auf. Ich habe verziehen, was in der Vergangenheit war. Stellt Eure Geiseln!

– Dank, murmelt Adalbert und beugt sich wieder; ich schwöre Euch Treue bei Gott und allen Heiligen!

Aber Heinrich wendet das Gesicht zur Seite.

– Er ist gebrochen, rufen die Fürsten, er wird sich nicht wieder erheben!

Heinrich sieht sie der Reihe nach an:

– Er wird von hier fortgehen, sagt er langsam, und das Gift seiner alten Treulosigkeit wieder aufnehmen ... wie ein Hund, der zu dem Gespienen wiederkehrt, und gleich einer Viper, die nach der Begattung den Samen zurücknimmt ... Über Sachsen und Thüringen, Bayern und Schwaben wird er unsere Freunde aufwiegeln gegen uns!

Heinrichs Faust fällt auf den Tisch, und als er aufsteht, fliegt der schwere Eichenstuhl krachend gegen die Wand. –
Die Fürsten verziehen sich, einer nach dem andern.
– Heinrich – tönt da eine kleine Stimme.
DerKaiser fährt herum.
– Du? Methild?
– Ich ...
Methild kommt aus der Nische des Fensters. Sie ist blaß und hat rote Augen.
Seine Hand faßt sie am Kinn und hebt den Kopf zu sich hoch:
– Was ist dir?
– Heinrich ... warum sieht er so fürchterlich aus?
– Wer?
– Der Bischof!
Heinrich zuckt zusammen, dann kreuzt er die Arme:
– Ich habe verschärfte Haft für ihn befohlen ... wahrscheinlich haben sie ihm gar nichts mehr zu essen gegeben ... So – habe ich es nicht gewollt –
– Er wird dich nie wieder liebhaben, sagt sie bekümmert. Er lacht auf, kurz und höhnisch:
– Liebhaben? Ich habe dem Mainzer vertraut – und er war treulos gegen mich – immer schon!
Methild geht leise zu dem Mann, stellt sich auf die Zehen und lehnt ihren Kopf an seine Wange:
– Ich glaube, treu sein kann man nur, wenn man liebhat –
Heinrich macht sich los von ihr:
– Du bist ein ganz kleines Mädchen, sagt er rauh – aber du kannst bleiben wie du bist!

Zu Weihnachten war offenbar, daß der Kaiser recht geraten. Adalbert berief eine Versammlung nach Köln, zu der die sächsischen Fürsten erschienen, und warf feierlich den Bann auf seinen Kaiser. In ihren Reihen erschien nun auch Otto, der Bischof von Bamberg ...

61

Erlung von Würzburg wurde vom Kaiser nach Köln entsandt, um Adalbert vor seinen Richterstuhl zu fordern; aber Erlung kam unverrichteter Dinge und mutlos zurück und weigerte sich, vor dem Gebannten noch eine Messe zu lesen. Heinrich zwang ihn dazu – dann schickte er ihn heim.

Heinrich stand im fünfunddreißigsten Jahr, in der Blüte seiner Kraft und seines Könnens. Die Gewalt seiner Faust war am Ende, weil das Glück ihn verließ. Da sann seine Klugheit auf andere Wege.

»Wir haben in Erfahrung gebracht, verehrungswürdiger Vater, daß Du unseretwegen von schwerem Streit angegriffen seist«, schrieb er an Paschalis. »Deswegen werden Wir – Gott sei Zeuge! – schwerer durch Deine als durch die eigenen Beschwerden geängstigt ... « Und er ließ den Papst wissen, daß er nach Rom komme zu seiner Hilfe »wie ein Sohn zum Vater« und in Ehrfurcht vor der Kirche »gleichwie einer Mutter ...«

Den eigenen Vater hatte er gefangengesetzt – die Mutter kaum mehr gekannt – gleichviel.

Als Boten nahm er den jungen schönen Abt von Cluny, Pontius, der sich den Abt der Äbte nannte und bei Paschalis wohl gelitten war. So schob der vierunddreißigjährige Kaiser des Reichs in kühler Berechnung den Keil zwischen Papst und Kurie, um die Schlinge zu sprengen, die sich immer fester um ihn zog.

Zu Augsburg, anfangs Februar des neuen Jahres, während der Kaiser die Reichsgeschäfte ordnete und seinem Neffen Friedrich dem Staufer die Statthalterschaft übertrug, als der Hof in der Burg des Bischofs Wohnung genommen, überraschte Heinrich eines Nachmittags Methild, die den Kamin eigenhändig mit trockenem Holz versah, am Boden kniend, ein pergamentenes Buch zur Seite.

– Was machst du denn da? fragte er.

Methild war sichtlich eilig und versicherte, daß sie sofort fertig sei. Heinrich bückte sich und blätterte in dem Band. Es war Ekkehards Kaiserchronik mit den goldenen Initialen und Miniaturen der Herrscher.

– Methild – du wolltest doch nicht –? – Doch. Verbrennen will ich sie. Ich mag Erlungs Geschenk nicht mehr. Erlung ist treulos gegen dich. Gib her ...

Heinrich mußte sich setzen. Hundert Jahre lang hatten die Mönche daran geschrieben – und wenn er die Chronik auch nie gelesen – er war kein Mönch, ihm fiel das Lesen schwer – daß sie unersetzlich war, wußte er gut.

– Methild, es ist die erste Geschichte der Deutschen über ihre Kaiser – und nicht Erlung hat sie geschrieben, sondern Ekkehard, und vor ihm –

– Die Deutschen brauchen keine Geschichte, wenn sie treulos sind! Methilds Augen funkelten böse.

Ratlos zuckte Heinrich die Achseln.

– Die Kaiserin der Deutschen ist immer noch ein Kind und versteht es nicht besser! – Er wußte, das war sein äußerster Trumpf.

Polternd flog das letzte Bündel Holz ins Feuer, daß die Flamme knisternd hochstob, und im nächsten Augenblick fiel die Tür hinter Methild ins Schloß.

Die Kaiserin erschien nicht zum Abendmahl, und am nächsten Morgen fragte sie, immer noch mit gerunzelter Stirn, nach der Chronik, die ihr – jener Treulose geschenkt habe.

– Bitte laß sie mir noch eine Weile – sagte Heinrich. Ich möchte darin lesen!

Ungnädig rauschte sie davon, aber Heinrich stellte fest, daß ihr Gewitter sich verzogen hatte.

Das war der erste Streit, den Methild als Ehefrau führte, in den Tagen, da sie ihr fünfzehntes Lebensjahr begann und gerüstet war, nach Rom zu ziehen. Sie war unterlegen, das mußte sie sich eingestehen. Und freute sich.

Im Schnee zogen sie die alte Straße über den Brenner, glitzernd, auf tiefblauem Himmel, sah Methild riesige Berge. Klar und hohl schlugen die Hufe der Tiere auf gefrorenen Grund, die Wangen brannten vom pfeifenden Wind. Es war eine kleine Karawane vornehmer Herren und wenige, ausgesuchte Bewaffnete, die sie begleiteten. Der Herzog von Kärnten, Graf Heinrich der Welfe, die Bischöfe von Münster, Augsburg, Fulda, Konstanz und Trient ... Feierlich begrüßend kamen Bürger vor die Tore zu Wilten, Gossensaß, Bozen; sie schliefen unterwegs auf alten Burgen, in denen Methild, aufschreckend aus tiefem Schlaf, Waffengeklirr und Kampfgeschrei vernahm. Aber wenn sie Heinrich weckte, der neben ihr schlief, hörte er nichts. Frierend kroch sie auf sein Lager, legte sich in seinen Arm und vergaß bis zum Morgen, ob sie geträumt.

Sie zählte drei Wochen seit ihrem Wegzug aus Augsburg. Schon schien die Sonne wärmer, an den tauenden Hängen wuchsen bunte Blumen, frei strömte der Strom, und ihr Weg führte bergab.
 – Hier, Methild, beginnt Italien, sagte Heinrich.
 Sie streckte sich auf dem Sattel, sah der mittäglichen Sonne nach und suchte sehnsüchtig am Horizont.
 – Wo ist Rom?
 – Wir gehen noch nicht nach Rom. Die Boten gestern brachten Nachricht, daß der Papst unseren Vertrag von Mammolo verflucht hat. Ich weiß, daß er mit dem Griechenkaiser Alexius verhandelt. Dem Griechen will er die Herrschaft über Rom geben, daß kein Deutscher mehr sich Kaiser nennt!
 – Das macht doch nichts. Laß dem Griechen die römische Krone ... Was hast du von Italien anderes als Streit?
 Auf trockenem Pfad trabten ihre Pferde, tiefrot glühten die Berge, und schmale dunkle, unbekannte Bäume säumten den Fluß. Heinrichs Augen sahen gegen Süden, wo die Ebene in violettem Dunst erlosch, aus gebräuntem Gesicht glänzten seine Augen seltsam blau. An einem Felsvorsprung rasteten sie, die Tiere tranken von dem klaren Wasser, weit hinter ihnen hielt das Gefolge.
 – Sieh, wie soll ich dir das erklären, sagte Heinrich, und Methild wunderte sich, wie verschleiert seine Stimme klang. Seit dreihundert Jahren ziehen deutsche Könige diese Straßen. Unser Volk, das aus dem Norden kam, liebt das Land, in dem die alten Götterbilder

stehen und die marmornen Paläste gestorbener Cäsaren. Wir haben es erobert, vor vielen, vielen hundert Jahren – du kannst noch in Verona das Haus sehen von Theoderich, dem Goten, der als erster geherrscht hat –, wir haben den Boden verteidigt, wir haben gekämpft und geblutet für ihn, immer neue Scharen von uns sind romwärts gezogen, mit unserem Schwert, mit unserem Blut haben wir ein neues Volk und ein neues Reich geschaffen. Eines Tages krönte der römische Bischof einen der Unsern, Otto den Sachsen, er nannte sich Kaiser der Römer und König der Deutschen, und sein Reich sollte ein christliches sein: das Heilige Römische Reich Deutscher Nation ...

Die Sonne senkte sich tief gegen Westen, Methild hörte atemlos, unter ihrem Marderpelz schauerte sie vor Andacht.

– Aber die Krönung war nur ein Überfluß, denn aus der Wahl hat ein Kaiser und König alle seine Gewalt. Und das heilige Reich ist von niemand her, denn von Gott – und keines Menschen auf Erden Lehen! Aber bald spielten sich die römischen Bischöfe als Herren auf, wie einst die Cäsaren, und es begann für jeden von uns Königen der Kampf mit dem Papst. Er krönte den, der ihm gefiel, und verfluchte den andern, der ihm nicht zu Willen war. Der eine hat es besser verstanden, der andere schlechter. Einer von uns hat noch in Frieden sein Recht gewahrt: Heinrich II., der Sachse, zu dem der Papst bis Bamberg reiste ... Aber dann, mein Vater – du weißt, er hat in Canossa im Wollhemd gekniet, damit Gregor den Fluch von ihm löse ... Siebenmal hat er vor Rom in Waffen gestanden. Ich selbst bin im Lager geboren, irgendwo zwischen Florenz und Rom. Auf römischem Boden bin ich gesäugt. Als ich heranwuchs und mit dem Vater in Zwist kam, hat der Papst mich zu den Seinen gezählt – bis er sah, daß auch ich mit der deutschen Krone das Erbe übernahm: Rom zu schützen – und gegen den römischen Bischof zu kämpfen! Heut bin ich verflucht und ziehe doch dahin und werde kämpfen um dieses Land, denn mir hat Gott das Reich gegeben – und nicht dem Griechen!

Lange Schatten krochen über die Täler, der kühle Märzhauch rührte an ihre Haare. Unbeweglich saßen die beiden. Erst als die Pferde schnuppernd ihre Herren mahnten, ritten Heinrich und Methild als Kaiser und Kaiserin der Römer nieder nach Italien. –

ITALIEN

Als die Märzsonne den Dogenpalast von Venedig beschien, barg er Heinrich und sein Weib. Gewandelt schien der Kaiser seit 1110. Milde war er und voll Gunst gegen die Venezianer. Er betete in ihren Kirchen, pries die Pracht der Gebäude und die Billigkeit der Staatsleitung, den Dogen beriet er in seinem Krieg gegen die Ungarn und empfing auf dem Platz des heiligen Markus huldvoll den Jahrestribut: fünfzig gesäumte Pferde, fünfzig Pfund morgenländisches Gewürz und einen schweren Purpurmantel. Den legte er seiner blonden Gemahlin um die kindhaften Schultern, und das Volk schrie vor Begeisterung.

Weiter zog er nach Padua; überall, wo er auftrat, lächelte ihm die Gunst Italiens. – Schon blühte weitum die Ebene, als sie nach Canossa kamen. Im Turm der kleinen Dorfkapelle bimmelte eine Glocke, so laut es ging, der steile Weg war dick mit Blumen gepflastert, die Misthaufen sorglich auf die Rückseite der Häuser gekehrt, und barhaupt vor dem äußersten Tor begrüßte sie Donizo, der großen Gräfin Geschichtsschreiber und Kapellan. Über dem grünlichen Gewand hielt er den schwarzen Überwurf gerafft wie eine Trauerfahne, aus dem hageren Gesicht leuchteten die Augen. In bildreicher Sprache redete er, stehend vor dem Kaiserpaar, wie sie, die große Mathilde, die gelehrt gewesen in Literatur und Heiliger Schrift wie zwei Bischöfe, ihre Ruhe gefunden habe. Aber nun sei, mit ihrem Willen, eine neue Herrin der verwaisten Burg von Canossa gegeben, eine neue Mathilde, die junge Kaiserin!

So ritt Heinrich, der Sohn des Büßers, als Herr zu Canossa ein, und oft war ihm, als begleite ihn der Segen seiner großen Freundin, in diesem Frühling, diesem Sommer und Herbst, da er auf den mathildischen Gütern weilte, Mantua, Bologna, Reggio an seine Seite traten, er selbst Domkapitel beschenkte und die Wasserstraße des Po den Städten neu eröffnete.

Pontius von Cluny schloß sich ihm an und hielt die Fäden nach Rom in klugen Händen; Irnerius von Bologna, der Zeit größter Rechtsgelehrter, schmiedete an seiner Seite siegreiche Waffen aus justinianischem Gesetz für den Anspruch auf tuscische Erbschaft.

Und Methild erblühte ihm hier unter der strahlenden Sonne Italiens, im Schatten der großen Namensschwester, zu frühem Weibtum ... In grünem Prachtkleid hielt sie an seiner Seite Hof, saß zu Gericht und unterschrieb als Erste des Reiches nach dem Kaiser. Dieselbe Burg, die dem Vater Schmach gebracht, nahm den Schatten von des Sohnes Stirn. – Es trübte Heinrichs Tage nicht, daß sein Weib ihm noch unfruchtbar blieb; war sie doch erst in ihrem fünfzehnten Jahr – wenn auch die dunklen Augen plötzlich wissender schienen und der unter seinen Händen reifende Leib.

Für Methild erwuchs aus sonnenhellen Wochen die ganze Glückseligkeit ihrer Liebe zu Heinrich, und sie begriff, daß Deutsche durch Jahrhunderte in dieses Land gezogen kamen.

Im September erschienen Boten des Papstes, die den Kaiser segneten »mit Mund und Kuß«. Niemals habe er, der Papst, einen der Gegner des Kaisers mit lebendiger Stimme oder in Briefen begrüßt, den Mainzer Bischof nenne er selbst einen Verräter an Gott.

In Deutschland hielt Friedrich von Schwaben, der Neffe, die Lage im Gleichgewicht. Der Rücken war gedeckt. Der Weg wurde frei für Rom.

Geheimnisvoll, in Eilmärschen, zieht der Kaiser nach Süden.

– Den Apostolischen Herrn wollen wir überraschen, damit er nicht erschrickt, sagte er zu dem Grafen von Tusculum.

Auf einem Kahn geschieht die Überfahrt Heinrichs V. nach der

Peterskirche, die Stadt ist bekränzt wie nach einem Sieg, die Römer huldigen dem Kaiser und umjubeln sein Weib – aber der Papst ist geflohen.

Verfolgt ihn die Frucht seiner Tat zu St. Peter?

Gold läßt Heinrich verteilen unter das römische Volk.

– Römer! Friede soll herrschen! Des Kaisers Ruhm soll auch die Stärke des Papstes sein! spricht Heinrich.

Friede? hallt es wieder, Friede? Seit wann ist der fünfte Heinrich so sanft? Seit wann kann man ihm glauben?

– Auf die versöhnten Häupter von Kaiser und Papst wird nicht nur das römische Volk mit Stolz seine Blicke erheben – der ganze Erdkreis wird sie fürchten – oder lieben! Friede! Wenn ihr nur wollt, Römer, wird er da sein!

Die Römer sind gewonnen ... Sie waren seit Monaten unzufrieden mit dem Papst, weil er den neuen Stadtpräfekten nicht genehmigte. Aber von den Bischöfen will keiner die Osterfeier an Heinrich vollziehen ...

– Du weißt, König, daß, wer immer bei deiner ersten Versammlung zu St. Peter war, davor zurückbebt, eine zweite zu erleben! sagen sie ihm.

Nur ein Fremder findet sich, ein Portugiese, Mauritius, der Erzbischof von Braga. Er ist bereit, vor dem Grabmal Gregors des Großen die Krone über Heinrich zu halten und sein Weib am Pfingstsonntag mit dem Diadem der Cäsaren zu krönen.

Die höchste Würde des Abendlandes lag nun über Methilds Scheitel. Aber an ihr zieht alles vorbei wie ein Traum ... Die Schönheit der Ewigen Stadt, der Dom von St. Peter, der Marmor des Kapitols ... Ein Traum ist alles um Heinrichs herrlichen Leib, die Kraft seiner Glieder, die stolze Würde seines Hauptes. Für ihn steigt der Weihrauch in heiligen Hallen, für seine Stirn blinkt das Gold der uralten Krone, für seine Stimme wölbt sich der Dom. Vor ihm versinkt alles: der Jubel einer Stadt, das Lob der Welt.

Und im Kaiser des Tags sucht sie den Heinrich der Nacht, im kühlen Blick des Herrschers das Werben seiner Zärtlichkeit, auf befehlenden Kaiserlippen das heiße Fieber seiner Küsse ... im Griff seiner Hand auf dem Schwert das Spiel seiner liebenden Finger ...

Wenn sie sieht, wie das Gelenk seines Fußes die Erde tritt, dann ist alles Land nur sein Schemel – das Römische Reich nichts als sein Thron.

Regina – Königin der Deutschen, unterschreibt sie sich, immer noch, auch nach der Krönung von Rom. Denn der Kaiser: das war er.

Sie weiß, daß der schöne Graf von Tusculum unermüdlich für des Kaisers Sache kämpft, ihm schon das Land ringsum gewonnen hat und dafür eine Tochter des Kaisers aus unedlem Blut, Berta, zur Braut erhält.

Sie hört nur das letzte und fragt:

– Eine Tochter? Wieso eine Tochter?

– Sie ist älter als du, Methild, lächelt Heinrich, ich habe ihre Mutter gekannt, als ich zwanzig Jahre alt war, und ehe du zur Welt kamst –

– Du hast mir nie von ihr erzählt. Ist sie sehr schön? Und wo ist ihre Mutter?

– Ich habe sie einem andern verheiratet, lang ehe ich um dich werben ging ... Sie war schwarz und sanft – und nicht halb so schön wie du. Außerdem fürchtete sie sich vor mir –

– Dann gefällt sie mir nicht, schloß Methild.

Als Berta kam, die Tochter des Kaisers aus unedlem Blut, da nahm Methild all ihre Hoheit zusammen und empfing sie huldvoll gemessen als »Frau Kaiserin«.

Berta war ein gutmütiges Mädchen, das sich tief verneigte, und Methild war beruhigt, da Heinrich sie kühl auf die Stirne küßte und nicht nach der Mutter fragte.

– Kann Methild auch eifersüchtig sein? lächelte Heinrich am Abend.

– Eifersüchtig?

Erglühend in seinem Arm, schüttelte sie verneinend den Kopf.

Sie verstand das Wort, nicht den Sinn. Heinrich, der Tyrann und Barbar, vor dem ein Reich erzitterte, liebte nur ein einziges Weib – und das war seine Frau.

Feuchtheiß lagerte die Sommerhitze über der Campagna, von den nahen Sümpfen flog verderbliches Getier in die Ewige Stadt, und Fäulnis brütete um die Ufer des Tiber.

»Treu nach stetem Gesetz, so erweisen sich römische Fieber, Wen sie nur einmal erfaßt, kaum lassen sie fahren ihn lebend.« So priesen die Römer selbst ihre Stadt zur sommerlichen Jahreszeit.

– Laß, Herr Papst, dich nicht bekümmern, trösteten sie zu Capua den geflohenen Papst, die Deutschen haben Ähnlichkeit mit ihrem Schnee. Sowie die Hitze sie erreicht, schmelzen sie an der Sonne!

Tatsächlich zog Heinrich im Juni nordwärts; aber Rom war unter dem Römer Ptolemäus und Bruno von Trier gut bewacht; die normannischen Truppen des Papstes wurden zurückgeschlagen, und ihm selbst gelang es erst spät im Herbst, in die Engelsburg einzuziehen. Vor Kummer und Alter erschöpft, starb er schon zu Beginn des neuen Jahres 1118, eine Warnung vor den maßlosen Deutschen auf den Lippen.

Johannes von Gaeta, den die Kardinäle als Gelasius II. drei Tage darauf erwählten, übernahm kein leichtes Amt. Nach der Wahl schleppte ihn Cenzius Frangipani aus privater Rache gefangen in sein Haus, und kaum war er frei – nahte der Kaiser sich der Stadt ... Krank vor Schreck flüchtete er nach Gaeta, schwere Regen peitschten das Meer, Blitze zuckten durch Hagelgüsse, Erde und Himmel schienen verschworen, kaum lebend erreichte er den Hafen.

Heinrich V. aber zog zum zweitenmal in eine papstlose Stadt ... Der Zorn kam über ihn und beugte seine Klugheit wie der Sturmwind die mächtigen Bäume seiner Heimat ...

Diesmal waren auch die Römer über ihren Bischof ergrimmt. Als sie hörten, daß Gelasius eine Synode nach Cremona berief, wurde ihnen bewußt, daß die Wahl eines Papstes in ihren Händen liege.

– Was? Wollen jene Leute die Ehre Roms nach Cremona tragen?

Das sei verhütet! Laßt uns einen guten und verständigen Papst wählen!

Am 8. März wurde Mauritius von Braga, der die Krönung Heinrichs mit dem Bannfluch bezahlt, ausgerufen als Gregor VIII. Das Schisma war da. Rom hatte zwei Päpste in gesetzmäßiger Wahl.

Ein Gregor hatte den Vater gebannt – ein Gregor bestieg den Thron als Geschöpf des Sohnes ...

Gelasius antwortete zwar mit dem Bann für den Kaiser und »seinen Götzen«, die Normannen marschierten erneut gegen Rom; aber Heinrich blieb Sieger, feierte seine Krönung in großer Pracht – und im Sommer 1118 floh Gelasius übers Meer nach Frankreich, um Italien nie wieder zu betreten. –

Da brachten die Boten aus Deutschland schlechte Kunde: der Legat Kuno reiste durchs Land und die Spur seines Weges war der Bannfluch gegen den Kaiser. Das Volk wurde ängstlich, sah die Sonne rot und den Mond voller Zeichen – und schließlich traten die Fürsten unter Kunos Führung zu Fritzlar zusammen und luden den Kaiser zu seiner Rechtfertigung nach Würzburg ... Wenn er fern bleibe, sei er von der Leitung des Reiches abgesetzt.

Heinrich saß in der Burg von Vicenza mit dem Kärntnerherzog, einen Augenblick lang beschatteten seine Hände die Augen ... In Italien war er Herr – nun rannten die gleichen Feinde gegen seinen Rücken ... Er mußte nach Deutschland zurück. Unverzüglich. Das war gewiß. Aber alles, was er auf römischem Boden erobert, konnte verlorengehen. Denn – wer bleibt für mich zurück in diesem Land, dem ich nicht trauen kann? Achtlos, zu sich selbst, sprach es Heinrich.

Da stand Methild vor ihm. Er starrte sie an, als hätte er sie nie gesehen.

– Ich, sagte sie, bleibe hier. An deiner Statt!

Sie war verändert bis in den Klang der Stimme, es sprach ein anderes Wesen aus ihr, die Augen leuchteten, und der Mund lächelte nicht mehr. Sie war ein Weib und hatte ausgelernt. Blitzte da nicht ein Stein auf dem Reif der Stirn, zwischen der Biegung der Brauen?

– Methild, sagte er, wenn meine Feinde Häscher senden, dich zu ermorden?

– Ich habe deine Männer, sie werden mich verteidigen!

– Und – wenn es einen nach dem Bett der Kaiserin gelüstet?

– Kannst du mich töten!

Heinrich stand auf.

– Beim Mantel der Jungfrau, du hast recht. Ich gehe nach Deutschland. Und du bleibst – Kaiserin Mathildis, Statthalterin von Italien!

FÜR DAS HEILIGE RÖMISCHE REICH DEUTSCHER NATION

Methild ritt ein Stück Wegs mit dem nordwärts ziehenden Kaiser. Sie saß auf silbergezäumtem Schimmel in purpurfarbenem Gewand, ein Schleier deckte die Haare.

– In Castrocaro ist demnächst Gerichtstag, sagte Heinrich. Du mußt die Acht verhängen über die Kirchenräuber von Pisa. Für Ravenna, Piacenza und Bologna habe ich Schenkungen vorbereitet, unterschreibe sie in meinem Namen. Ptolemäus wird dir wie mir Boten senden über die Lage in Rom. Wenn es nötig ist, kannst du ihm Truppen schicken. Unser Gregor residiert in Sutri so despotisch, daß ich nicht weiß, ob wir ihn halten können. Ich glaube, wir werden Frieden schließen müssen mit Gelasius ...

– Ich werde tun, wie du es wünschest.

– Und, Methild – der Sommer hier ist gefährlich – laß dich von den Weibern pflegen – und wenn du reisen mußt, nimm Bewaffnete mit –

Methild lachte ein wenig.

– Heinrich – bin ich jemals krank gewesen?

– Nein. Aber du sollst es auch nicht werden! Sie waren auf der linken Seite des Po. Heinrich neigte sich gegen Methild und zog sie an sich:

– Bleib mir treu! flüsterte er, und seine Lippen zuckten auf den ihren.

– Immer! Und – wann kommst du wieder?

– Vor es Winter wird.

Das Gefolge sah, wie Methild ernst und tränenlos ihr Pferd wandte und schweigsam nach Piacenza ritt. Italien stand unter dem Schutz einer sechzehnjährigen Frau.

Erst vor der Burg, als ein dunkelhaariger Knappe ihr vom Pferde half, rief Methild:

– Ich erwarte den Grafen von Verona und den Bischof von Piacenza. Sofort. Eilt euch.

Man wunderte sich, daß die Stimme der Herrin plötzlich tiefer klang und beinah dem Befehl des Kaisers ähnelte ...

War es, daß die Romanen kampfmüde geworden oder sich vertrugen, weil der Streit zwischen Kaiser und Papst nach Deutschland und Frankreich verlegt war: es blieb ruhig in diesem Herbst und während des ganzen Winters, am Po, in Tuscien, ja selbst in Rom.

Die Kaiserin hielt Gerichtstag in Rocchacarpineta, zu Parma und Castrocaro; sie beschenkte Klöster und empfing die Fürsten der Gegend, mit demselben Ernst in den Augen, demselben Ton der Stimme, beinah mit demselben Neigen des Hauptes, wie Heinrich es tat. Nur – daß sie sechzehn Jahre alt war und ein Weib. Durch raschelndes Weinlaub und reife Felder ritt sie von einer Stadt zur andern, musterte die Burgen und Leute der Fürsten. »Die junge Kaiserin«, raunte das Volk, wenn sie kam, und keiner flüchtete vor ihr wie vor Heinrich. Mit Schmerz sah es Methild und verschenkte reiche Gaben – immer in des Kaisers Namen.

Die Vögel kommen vom Norden zurück und fliegen gegen Mittag; der Wein ist geerntet, lang sind die dunklen Abende auf den Burgen. Noch immer kehrt Heinrich nicht wieder. Wohl haben die deutschen Fürsten nicht mehr gewagt, von einem Gerichtstag zu

Würzburg zu sprechen, sobald Heinrich nur den heimatlichen Boden betreten; aber Methild hört, daß zu Prüfening der Abt die Klosterpforte vor dem gebannten Kaiser hat schließen lassen und in Regensburg keine Glocke läutete, als er einzog ... Und der Papst zieht durch Frankreich, Land und König sich verbündend gegen Heinrich.

Es wird Winter. Wenn Methild sich schlafen legt, liegt sie noch lange wach. Monate werden vergehen, bis Heinrich wiederkommt, sie täuscht sich nicht. Auch in diesem gesegneten Land wird es kalt, die Kamine sind schlecht und durch alle Spalten bläst der Wind aus Nord.

Es ist ein einsames Weihnachtsfest, das Methild verlebt zu Reggio, auf den Gütern der Gräfin. In der Christnacht funkeln die Sterne aus dunkelblauem Himmel, und sie sehnt sich nach deutschem Land, nach Schnee und Eis – und Heinrichs starken Armen.

Der Graf von Verona ist für die Feiertage in ihrem Gefolge. Wenn sie an der langen Tafel der Männer sitzt, zwischen den Bischöfen von Oberitalien, Irnerius von Bologna und dunkeläugigen Gräfinnen, dann schweifen seine Augen, mehr als es schicklich ist, zu ihr herüber. Eines Tages bleibt er im Saal zurück, als die andern sich entfernen:

– Was wollt Ihr, Graf, fragt sie kurz.

Da kniet er schon und spricht von der Kaiserin, der blonden, schönen, die aus dem Norden kam und sein Herz betört. Er spricht Romanisch und sie versteht es nicht genau. Ist es ein Scherz?

– Steht auf, sagt sie lachend, ich habe keine Lehen zu vergeben –

– Aber ein kleines Tuch, daß ich es unter dem Panzer trage – oder ein Haar, ein goldenes, für eine Kapsel auf meinem Herzen!

Er hebt die Hand, und seine Augen glänzen.

– Herr Graf, sagt sie, ich beurlaube Euch bis zum Frühling. Ihr könnt heute noch gehen, wenn Ihr wollt –

Er verzieht den Mund wie ein schuldbewußter Knabe – aber sie spricht kein Wort mehr zu ihm.

– Die Kaiserin ist schön – nur hat sie ein Herz wie von Schnee, verkündete er seit dem Tag. Das Volk der Romanen aber erfand für sie den Titel »Piissima Mathildis« – es konnte nicht verstehen, daß es Keuschheit geben sollte ohne Heiligkeit.

Es war vielerlei, was eine Statthalterin schlichten sollte. Eines Tages ließ sich ein Prediger aus Cremona bei Methild melden:

– Herrin, sagte er und hob die Hand zum Himmel, den Frauenzimmern meiner Pfarre genügt es nicht, daß ihnen der allmächtige Gott die Wahl gelassen hat unter den Kleidern, ob sie rot, blau, grün, gelb, schwarz sein wollen oder braun – nein, bei ihrer großen Hoffart lassen sie sich das Gewand zu Flecken zerschneiden, das Rote ins Weiße, das Gelbe ins Grüne, das eine gewunden, das andere gestrichen, dieses buntscheckig, jenes mit Adlern und Löwen besetzt!

Er geriet außer Atem. Methild überlegte, wie ihr eigenes Kleid beschaffen war, und erkannte belustigt, daß es einen goldenen und einen grünen Ärmel zeigte.

– Frau Kaiserin, fuhr der Mönch fort, seht, die Hoffart kommt mit der Erfindung nicht zu Ende. Wenn jemand eine Neuigkeit aufdeckt, müssen es alle andern auch gleich versuchen. Und der Schneider, der das gute Kleid zu einem bunten Lappen macht, bekommt am meisten Lohn ...

– Herr Pfarrer, sagte Methild behutsam, ich fürchte, ich habe auch zweifarbige Kleider –

Der Mönch starrte sie an, dann verbeugte er sich tief:

– Hohe Herrin, wie könnt Ihr denken, daß ich zu Euch meine Blicke erhebe!

– Ich denke gar nichts, aber ich möchte nur wissen, wie ich Euch helfen soll ... Sagt, gefallen die Frauen Eurer Stadt ihren Männern?

– Herrin, das ist es eben, nur zu gut! Zu gut!

– Dann weiß ich nicht, was ich machen soll. Denn es steht doch geschrieben, daß die Frau dem Mann untertan sei – ist es nicht so?

Tieftraurig zuckte der Prediger die Achseln.

– Aber vielleicht, tröstete Methild, wenn Eure Frauen so gern schöne Kleider sehen, können wir der Madonna Eures Domes ein goldenes Gewand mit silbernen Sternen stiften. Er zog von dannen mit seinem Geschenk – nicht ganz befriedigt. Aber man berichtete aus Cremona, daß die Mönche des Klosters seither für Kaiserin Mathildis beteten.

Lange Stunden verbringt Methild mit Irnerius von Bologna, dem großen Gelehrten des Rechts. Es ist alles sehr schwer, was er sagt – das Recht des Kaisers, die Gesetze des Reiches – und die Rechte der Kirche mit ihren Fürsten. Nur ein Punkt ist da, den sie ganz begreift:

– Der Kaiser hat keinen Oberen auf Erden, er ist der Höchste nach Gott selbst, lehrt Irnerius. Durch ihn gibt Gott alle Gesetze, Rechte, alle Ordnung der Welt den Menschen!

– Ja, sagt sie schnell, das glaube auch ich.

Über Irnerius' strenges Gesicht zieht ein Lächeln. Wie einfach ist das Bild der großen Justitia in eines jungen Weibes Gehirn!

Danach sitzt Methild über Bischöfe zu Gericht und freut sich, wenn sie erstaunen ob ihrer Gelehrsamkeit. Im Geist tut sie es unter Heinrichs Augen – für das Heilige Römische Reich – seiner, seiner Nation!

UNTER EINEM KAISERPAAR

Im September 1119 erhielt Methild Bescheid, daß Heinrich hoffe, im November bei ihr zu sein. Schon zählte sie die Wochen. Aber Irnerius sieht schwarz:

– Gelasius ist zu Cluny gestorben, und Calixt, den sie dort gewählt, wird ein unangenehmer Papst werden! Er hat als Bischof von Vienne päpstliche Urkunden zugunsten seines Bistums so gut nachmachen lassen, daß Vienne reich wurde davon.

76

– Ist das so schlimm? meinte Methild.

Irnerius senkte sein Kinn und mußte sich räuspern.

– Frau Kaiserin, nach den Gesetzen des Kaisers Justinian würde das als Delikt zu beurteilen sein –

– Ach so! nickte Methild. Sie wollte Irnerius nicht kränken, aber es wurde ihr nie klar, warum gerade Kaiser Justinian alles besser wissen sollte.

– Er ist mit dem Kaiser verwandt, setzte sie hinzu, und mit dem Haus meines Vaters – vielleicht wird er versöhnlich sein.

– Es sollte mich wundern, wenn er unter der Tiara so gründlich anders werden sollte! Bisher, Ihr wißt, war er das Haupt der Gegenpartei. Und überhaupt – das Verhältnis eines Menschen zur Justitia ist entscheidend!

Methild biß sich in die Lippen, um nicht zu lachen. Wahrscheinlich hatte Irnerius zu seiner Frau Justitia so eine Art Liebe – denn ein lebendiges Weib – nein, Irnerius hatte bestimmt nie eines besessen!

Dennoch: der Gelehrte behielt recht. Acht Wochen später rief der Kaiser Methild zu sich, weil er Deutschland nicht verlassen konnte.

Der neue Papst hat ein Konzil zu Reims eröffnet, der Frankenkönig ist dabei und – Adalbert von Mainz. Ludwig VI. beklagt sich über König Heinrich von England, der Mainzer über seinen Kaiser. Es herrscht Gewitterstimmung über sechsundsiebenzig Bischöfen.

Noch während des Konzils zieht Heinrich an die Maas, mündlich wolle er mit dem Papst verhandeln, läßt er sagen. Denn – sein eigener Papst, das ist klar, läßt sich nicht länger mehr halten. Calixt willigt ein, schon stehen sich Kaiser und Papst auf ein paar Stunden gegenüber. Im letzten Augenblick feilschen die Gesandten um Klauseln und kaiserliche Kirchenbuße … Nicht ohne die Fürsten könne er entscheiden, sagt Heinrich; was der Papst fordere, bedeute Einbuße für das Reich. Aufschub verlangt er.

Bis zur sechsten Stunde des 25. Oktober will Calixt warten.

Aber am 25. läßt Heinrich sagen, erst in der Nacht könne die Beratung der Fürsten erfolgen, der Graf von Troyes, des Papstes

Hausherr, möge seinen Gast einen Tag noch festhalten. Da flieht Calixt in hellem Schreck, zwanzig Meilen weit, ohne Rast, bis nach Reims – die dritte Flucht eines Papstes vor Heinrich V.

Zu Reims versammelt er die Bischöfe um sich, brennende Lichter tragen sie alle in Händen, dreimal erklingt der Fluch über den Kaiser des Reichs. Verflucht soll sein, wer ihm anhängt, die Untertanen sind der Treue entbunden. Donnernd echot die Klerisei, die Lichter werfen sie zu Boden, vierhundertsiebenundzwanzig Kerzen sind es, die verlöschen.

Die Versöhnung ist gescheitert; unberechenbar sind die Folgen in Deutschland.

Am 21. November reitet die Kaiserin zu Maastricht ein. Sie trägt einen Scharlachmantel mit geflammtem Pelzwerk, er reicht bis an die Füße. Vierzehn Monate hat Heinrich sie nicht gesehen. Daß sie so groß und schön geworden, hat er nicht geahnt. Er hebt sie selbst vom Pferd und spricht kein Wort. Methild sieht nur, daß seine Augen leuchten und sein Atem schneller geht. Ihr stehen die Tränen heute näher als an dem Tag, da er sie zu Piacenza verlassen ... Sind seine Wangen nicht hohl und seine Augen seltsam tief? Aber die Freude erstickt alle Gedanken.

– Küss' mich schnell, ruft sie, ich will auch gebannt sein, wenn du es bist!

Aber dann, am Abend, entdeckt er einen dunklen Fleck auf ihrem hellen Leib. Seine Augen werden starr und das Blut steigt in seinen Kopf.

– Du warst mir nicht treu! schreit er auf. Hier – der Fleck – Irnerius? Du schriebst mir von ihm – es war Irnerius!

– Irnerius? Dann bin ich Frau Justitia! Schnell eine Binde für meine Augen!

Methild wirft die Beine senkrecht in die Luft und jubelt vor Vergnügen.

Dem Kaiser tritt das Blut aus der Stirn – er findet seine Sinne wieder – er hört: dies Lachen ist echt ...

Seines Körpers unbändige Kraft schlägt über der Frau zusammen; – es ist die Macht des nördlichen Meeres an Englands weißlichem Strand – und ihre Sinne vergehen – nach gleichem Gesetz wie die Strahlen des Mondes, wenn die Sonne steigt.

Durch Niederlothringen ziehen sie, bis nach Antwerpen. Das ganze Land ist kaiserlich gesinnt, funkelnden Auges sieht Methild den Kaiser wie bisher belehnen mit Ring und Stab. Im Triumph geht es zurück nach Aachen; zur Weihnacht öffnet Köln die Tore, in Ehrfurcht empfangen die Bürger ihren Kaiser.

Der Bann aus dem Frankenreich – von einem fränkischen Papst in Eintracht mit König Ludwig gesprochen – ruft die Deutschen zur Besinnung. Als Heinrich am 2. Januar 1120 seinen Hoftag zu Goslar hält, erscheinen nicht nur die kaiserlichen Fürsten – sondern auch Lothar von Sachsen mit den Seinen und sogar Bischof Friedrich von Köln! Er äußert mit gewählten Worten sein Bedenken, ob eine Verdammung des Kaisers von Frankreich her überhaupt ihre Gültigkeit habe ...

– Mehr als das, fügt Otto von Bamberg hinzu, man braucht so lange von einem päpstlichen Bann keine Notiz zu nehmen, als bis er geruht hat, uns die Einzelheiten bekanntzugeben – was bis jetzt noch keineswegs erfolgt ist!

Das Volk war müde des Fürstenstreits. Heinrich sah es wohl und gebot allgemeinen Frieden im Land. Dann suchte er Ausgleich mit dem Papst.

– Was wird mit Gregor, deinem Papst? fragte Methild.

– Ich wollte, ich hätte nie einen eigenen gehabt. Man hat nur Schaden von ihm. Er benimmt sich wie ein Wegelagerer, plündert in Sutri Pilger aus und wirft Reisende ins Gefängnis, die nach Rom wollen! Ich ließ ihm sagen, daß er schweigen soll, aber er gibt keine Ruhe ... Calixt ist im Triumph nach Rom eingezogen und will Gregor in ein Kloster sperren – ich kann ihm nicht helfen – ich muß Versöhnung betreiben. Das Reich braucht Ruhe – und ich selbst – ich glaube, ich habe nicht mehr die alte Kraft.

79

Methild fuhr herum. Sie legte beide Hände an seine Schläfen:
– Was ist dir?
– Nichts. Hier – in der Brust nur – zuweilen ein Schmerz – aber vielleicht hat mir nichts als dein Lachen gefehlt – es war so leer ohne dich –
Methild legte ihren Kopf an seine Brust, aber eine unbekannte dumpfe Macht legte sich lähmend auf ihr Herz.
Der Hof war in Worms, als ein Bote des Königs von England Einlaß begehrte in die Burg des Kaisers.
– Laßt mich zu Eurer Herrin, keuchte er, ich muß sie sprechen!
Es kroch ein trüber Dezembertag durch graue Wolken, der Torwart forschte in des Knappen Gesicht. Es schien verstört.
– Habt Ihr üble Kunde? Ihr seht so düster. Einen Krieg verloren – oder Euer Herr König krank?
Der Junge schüttelte wortlos den Kopf.
– Ich kann nicht sprechen. Laßt mich ein. Nur vor der Herrin darf ich reden – und ihrem Herrn Kaiser.
– Was ist es, sprecht! drängte Methild, da er vor ihr stand. Sie lehnte sich an Heinrich.
– Mein Herr, der König, sprach er, sendet Gruß und Heil dem Herrn Kaiser und der Frau Kaiserin, seiner Tochter! Er läßt ihr sagen, daß schwerer Schmerz ihm widerfahren –
Der Junge rang nach Atem, und Methild beugte sich vor, bleich geworden.
– Herzog Wilhelm, sein Sohn und Erbe, der Bruder der Frau Kaiserin – ertrank in der See zwischen England und der Normandie …
– Wilhelm, flüsterte Methild.
Sie preßte Heinrichs Hand gegen ihre Brust, und er legte einen Arm um sie.
– Ihr bringt keine gute Botschaft, junger Mann, sagte der Kaiser.
– Wenn die Frau Kaiserin es hören kann, soll sie wissen, wie es zuging, sagte mein Herr.
Methild nickte mit großen Augen.

– Mein Herr, der König, war mit dem jungen Herrn Wilhelm über Sommer in der Normandie. Am 25. des Monats November sollte der Hof nach England segeln. Es war eine Vollmondnacht, und die jungen Ritter und Damen drängten zu dem weißen Schiff, das Herzog Wilhelm führte. Des Königs Boot war schon vorausgefahren. Plötzlich, an der Halbinsel von Barfleur – sei es, daß das Mondlicht täuschte oder der Steuermann ein wenig viel vom Wein getrunken – stieß das weiße Schiff auf eine Klippe. Sie hatten so schnell gerudert, daß die Brandung überschlug und alle, die im Schiffe waren, in die Wellen warf –. Da kam ein zweites Schiff in Nähe und Herzog Wilhelm schwang sich hinein mit wenigen andern. Aber aus dem Wasser hörte er die Klagerufe der jungen Gräfin von Perche, die er wie eine Schwester liebte. Schnell ließ er zu dem Felsen rudern, woher das Rufen drang. Das Fahrzeug geriet in den Knäuel der Schiffbrüchigen, die in Todesangst das kleine Schiff umklammerten, so daß es unterging ... Am Morgen erst erkannten die Leute am Ufer das Unglück. Das Meer warf Bretter und Leichen an Land, tagelang suchte man nach Herzog Wilhelms Leiche ... Niemand fand sich, der unserm Herrn, dem König, die grausame Kunde bringen wollte. Als ein Edelknabe dazu befohlen war, fiel der Herr sprachlos wie tot zur Erde, und lange hat es gedauert, bis er wieder zum Leben fand.

– Vielleicht kam er ans Ufer und liegt irgendwo krank! rief Methild.

– Nein, Herrin, es fror in dieser Nacht, niemand kam ans Ufer –

Es war ganz still im Raum. Das Feuer knisterte zuweilen nur, der Knabe wischte sich verstohlen die Augen mit dem Ärmel seines Wamses. Langsam erhob sich Methild.

– Geht, ruht aus, sagte Heinrich, morgen geben wir Euch Botschaft für den König.

Da kam die Haltung des Gehorsams in den Boten, er trat vor und beugte sein Knie:

– Meine Botschaft, Herr Kaiser, ist noch nicht aus. Ich soll die

Frau Kaiserin im Namen meines Herrn und Königs grüßen als – die Erbin von England und der Normandie! England huldigt Euch, Frau Kaiserin!

Ein Schrei unterbrach ihn. Heinrich umfaßte sein Weib mit beiden Armen. Sie warf die Hände über das Gesicht und weinte – laut, wild, haltlos. Auf ein Zeichen des Kaisers verschwand der Knabe.

– Hast du deinen Bruder so lieb gehabt? fragte Heinrich weich.

– Ich will nicht nach England gehen, schrie Methild, ich bleibe bei dir!

Heinrich hob sie auf seine Knie und streichelte ihr die Haare aus der Stirn wie in jenen fernen Tagen von Utrecht, da das Kind vor Heimweh geweint.

– Sei doch ruhig, Methild, ich gebe dich nicht her –

– Niemals? Versprichst du es mir?

– Niemals! Ich verspreche!

Er trug die Fiebernde selbst über die Treppe, er legte sie auf ihr Bett und blieb, bis die Erschöpfung dem Schlafe wich.

Dann las er die Rolle des Königs von England und grübelte, bis die Sonne hoch am Himmel stand, über dem seltsamen Geschick, das die Germanen der Mitte und die Germanen des Westens unter einem Kaiserpaar vereinen wollte ...

Durch Bayern und Schwaben zog Heinrich mit Methild im Frühling 1121. Zu Regensburg weilten sie, dem Stammsitz des Bayerngeschlechts, der herrlichen Stadt an der Donau, die reich war an Gold, Silber und Purpurgewändern, an Schiffen und Fuhrwerk und Reichtümern aller Art.

Ende April, als in den Wiesen die ersten Blumen standen, ritt Heinrich mit seinem Hof nach Konstanz. An einem warmen Tag stiegen sie nieder zum Bodensee, schneeige Berge leuchteten herüber, und gelbe Blumen wuchsen bis ans Ufer. Weiß blühten die Bäume vor dunklen Fichten, die ersten Schwalben flogen auf, und weit über den See ihnen entgegen schallte die große Glocke des Domes von Konstanz. Die Menschen standen an der Brücke gegen

Petershausen Kopf an Kopf, mit grünen Zweigen in den Händen, und Methild küßte ein Kind, das ihr Blumen vor die Füße warf. Nur Bischof Udalrich war geflohen vor einem gebannten Kaiser.

Weiter ritten sie. Tags darauf, in Kähnen, setzten sie zur Insel über – zur Insel, die, alt und heilig, von Mönchen bebaut und gepflegt, im Untersee lag: Reichenau ... Pappeln grüßten am Strand, drei kleine Kirchen standen am Ufer und in der Mitte das herrliche Kloster. Dort schlief das Kaiserpaar.

Wenn man des Abends aus dem Fenster sah, brannte Licht in den Zellen der Mönche, weiße Kutten beugten sich über Pergament, aus dem Küchengarten dufteten Kräuter, und durch die Kirche tönte sanfter Gesang.

– Im fünften Jahrhundert nach unserem Herrn, erzählte der Abt, war die Reichenau ein böser Grund, voll Sumpf und eklem Gewürm. Da kam Pirmin aus Irland mit der frohen Kunde des neuen Weltentages. Sein Segen und die Arbeit seiner Mönche verwandelten das Eiland. Seither hat die Reichenau viel heilige Bücher für die Kaiser des Reiches abgeschrieben – und ein gekröntes Haupt kam zur ewigen Ruhe in den Frieden unseres Klosters.

Auf der Reichenau war es, wo Methild den Kaiser noch einmal fragte, ob sie über England herrschen müsse.

– Du nicht, sagte er, aber unser Sohn wird gebieten über beide Länder – er wird das Reich ausdehnen bis an die Ufer des Meeres der Atlantis.

Methild senkte den Kopf:

– Unser Sohn – warum bekomme ich keinen? Ich habe getan, was man mir sagte, ich beschenke die Knaben in jedem Ort und weihe der Jungfrau Bilder. Warum bleibe ich unfruchtbar?

– Weißt du, damals, als ich Papst Paschalis gefangennahm, schwor er, daß ich nie einen Sohn bekommen werde, daß Gott die Salier erlöschen lasse mit mir –

– Glaubst du daran? fragte Methild in Angst.

– Nein. Du wirst einen Sohn haben, und er wird herrschen zu beiden Seiten des Meeres –

– Und wenn Gott uns keinen schenkt? – Dann, Methild, wirst du die Krone von England tragen müssen – ich in Deutschland und du in England! Denn dich hat Gott erwählt, du trägst das Erbe des Blutes von Normannen und Angelsachsen – und die Weihe der Deutschen!

Als sie Abschied nahmen, stiftete Methild vor der Reliquie des heiligen Blutes zwei silberne Kandelaber, die Tag und Nacht brennen sollten für das Heil des deutschen und britannischen Landes ... Vielleicht auch tat sie in ihrem Herzen ein Gelöbnis dort auf der Reichenau, an den Ufern des Bodensees, wo das Christentum der Deutschen auf pergamentenem Grund zu herrlichen Bildern erblühte ...

Zwölf Jahre darauf erfüllte sich Heinrichs Vorausschau. Aber kein Träger des Reiches sollte der Vater des Knaben sein, den Methild gebar.

KONKORDAT

Adalbert, der Erzbischof von Mainz, bleibt unversöhnlich, trotzdem alle Stämme des Reiches nach Frieden sich sehnen. Er beklagt sich beim Papst über den gebannten Herrn, verhandelt mit Kuno, dem fränkischen Legaten, und stachelt Herzog Lothars alten Ehrgeiz.

Des Kaisers Geduld ist zu Ende. Vom Elsaß zieht er mit einem Heer vor Mainz. Um die Sommersonnenwende 1121, als schon die Lebensmittel der Bischofsstadt im Preise steigen, liegen sich zwei Heere gegenüber, vom Rhein nur getrennt. Eine Schlacht soll entscheiden, ob Kaiser oder Bischof Herr sein soll im Reich. Das Volk betet in allen Kirchen am Vorabend dieses wüsten Kampfes. In der Nacht erscheinen zwölf Fürsten im kaiserlichen Lager.

– Herr Kaiser, laßt uns verhandeln! Versöhnt Euch mit dem Papst! Dann wird auch der Mainzer nicht mehr kämpfen.

Heinrich blickt aus übernächtigen Augen, ungewohnte Milde ist auf seinem Gesicht:

– Denken die Fürsten auf Adalberts Seite wie ihr?

– Ja, Herr, auch sie wollen Ausgleich statt Blut.

Es setzt ein leiser Sommerregen ein und trommelt auf die Wände des Zeltes. Heinrich sieht sich im Kreise um, alle blickt er an, ehe er spricht: die beiden Hohenstaufer, seiner Schwester Söhne, Herzog Heinrich den Schwarzen und Pfalzgraf Otto von Wittelsbach, Bruno von Trier, Burkhard von Worms – eine lange Reihe tapferer Fäuste und klarer Köpfe. Sie blicken auf ihren Kaiser mit dem stolzen Urteil freier Männer, die sich ihren König selbst gewählt ...

– So verhandelt ihr, des Reiches Fürsten, untereinander, ohne mich, sagt Heinrich. Ich will eine Versammlung ausschreiben nach Würzburg, die beraten soll über alle Fragen des Reiches und der Kirche.

Die Freude von zwölf Männern fand gemeinsames Wort:

– Es lebe König Heinrich!

Der fuhr mit der Hand über die bleiche Stirn:

– Eilt euch – der Tag bricht an!

Das Dröhnen ihrer Schritte verklingt. Heinrich bleibt allein.

– Das Königtum ist im Sinken, spricht er vor sich hin. Vielleicht ist das eine Haupt nicht so wichtig – der Untergang der Fürsten aber wäre des Reiches Untergang ...

Zu Michaeli verhandeln die Großen, sie setzen Landfrieden fest und erbitten Ausgleich in Rom.

Papst Calixt ist alt und will Frieden. Für den Herbst beruft er ein Konzil nach Worms.

Lange berät Heinrich vorher mit den Fürsten.

– Herr Kaiser, gebt auf die Investitur! meint Friedrich der Staufer.

– Niemals! ruft Heinrich. Die deutsche Kirche bleibt in meiner Hand!

– Überall im Abendland hat sich die Kirche Rom unterworfen – warum nicht im Reich? – Otto von Wittelsbach ist an der Reihe.

– Weil das Reich mehr bedeutet als die Herrschaft über deutsche Stämme – weil der Kaiser den Richterstuhl des Abendlandes vor Gott zu verantworten hat!

– Herr Kaiser, wir haben fünfzigjährigen Bürgerkrieg, klagt Bruno von Trier, wegen des Unfriedens mit Rom. Was der zweite Heinrich gewollt, eine katholische und nicht römische Kirche: das liegt mit ihm begraben. Eine deutsche Kirche läßt sich nicht halten. Verzichtet auf die Wahl der Bischöfe, Herr Kaiser – vergebt nur das irdische Lehen von bischöflichem Land!

– Und wenn ich dann Feinde des Reiches mit Land belehnen muß – die Sitz und Stimme haben in der Königswahl?

Die Fürsten schweigen. Keiner weiß Rat. Aber alle stimmen für Ausgleich. Da gibt der Kaiser nach.

Methild findet Heinrich bei sinkender Nacht, allein, mit verstörtem Gesicht.

– Du konntest nicht anders, sagt sie.

– Ich habe geschworen, die Ehre des Reiches wieder aufzurichten, die deutsche Kirche freizumachen vom römischen Papst – und habe es nicht gekonnt!

– Aber dafür wird der Friede kommen –

– Nein! Die Waffen werden ruhen, um morgen wieder blank zu sein! ... Vielleicht wird noch einmal einer kommen, in dem der zweite Heinrich aufersteht ... Ich werde es nicht sein! Ich habe Canossa geerbt ...

Er warf die Arme auf den Tisch und verhüllte das Haupt.

Leise, mit zuckenden Lippen, ging Methild aus dem Raum.

Auch sie wollte nicht Zeuge sein der Tränen eines Kaisers.

Seinem Weib hat der Kaiser vertraut, was er noch keinem der Fürsten verraten: den Frankenkönig will er züchtigen, zu gleicher

Zeit mit dem englischen Schwieger will er ihn strafen für jahrelange Feindschaft, für die Klage vor dem Klerus zu Reims und den gebilligten Bann des Papstes.

– Das Land bis zum Meer wollen wir erobern, auch im Raum sollen sich England und das Reich begegnen!

Er sendet Methild, in England zu verhandeln. Stolz bricht sie auf; schon wartet ihr Vater in Kent.

Mit gewappneten Rittern reitet sie nach West, während der Kaiser zu Worms den Friedenskuß der Kirche empfängt, über Lüttich und Löwen.

Es sind »die äußersten Enden des Reiches, wo unablässig Krieg tobt und vom Blut fortwährend die Erde sich rötet«. Raubnester ragen aus Fels und Sumpf, Söldnerscharen wandern von Herr zu Herr, kein fremder Kauffahrer ist des Lebens sicher, in dunklen Wäldern haust wildes Getier.

Eines Abends, gegen Sonnenuntergang, naht eine stattliche Reiterschar.

– Wir wollen ausbiegen, sagt Methild.

Aber es ist nicht möglich, Morast hemmt den Weg, zur Rechten und Linken.

Ein vornehmer Ritter auf silbergezäumtem Roß führt die Schar, er hält an und steigt vom Pferd, als er Methild erblickt.

– Ich bin der Graf von Flandern, und hier beginnt mein Land!

Methild grüßt artig:

– Wir reisen friedlich zu meines Vaters Schloß. Ich bin die Gräfin von Maine … Wir bitten Euch um Durchzug.

Der Graf neigt sich tief, doch mustern seine Augen sie spöttisch unter schattendem Helm:

– Die Gräfin von Maine ist auch die Frau Kaiserin! Und ihres Herrn Vaters Schloß steht zu Westminster!

Methild richtet sich auf. Die rote Abendsonne fällt auf ihr junges Gesicht und glänzt in gelben Locken.

– Ihr seid gut unterrichtet, Graf, spricht sie stolz, und nun gewährt uns den Durchzug!

Der Ritter greift lässig an sein Schwert, und hinter ihm schließen sich die Reihen der Seinen.

– Ich bin der Lehensträger des Königs von Frankreich. Ich kann der Kaiserin nicht das Geleit geben durch mein Land, denn ein Bund zwischen England und dem Reich liegt nicht im Sinn meines Herrn, Ludwigs VI. von Frankreich!

– Ist das Euer letztes Wort?

– Das letzte, Frau Kaiserin!

Verschlossenen Gesichts kehrt sie ihr Pferd. Finster greifen die Deutschen an ihre Wehr. Aber Kampf zu beginnen, ist nicht erlaubt – sie haben, nach ihres Herrn Gebot, nichts anderes als Schildwache zu sein für das Leben der Kaiserin.

Noch ist die Stunde nicht da für Methilds Weg nach dem Westen ...

Der Bund kommt dennoch zuwege, aber die Überraschung des Königs der Franken mißlingt. Ludwig VI. pilgert zum Grab des heiligen Denis, vom Altar nimmt er die Oriflamme als Fahne und verkündet Kreuzzug gegen die Heiden. Hundertachtzigtausend Krieger zu Fuß und zu Roß strömen zusammen, zum erstenmal ist das Reich der Franken von den Pyrenäen bis nach Flandern geeint. Zu Reims erwartet das Heer den fünften Heinrich.

– Laßt uns nach Deutschland vorstoßen, spricht der König.

– Man muß den Feind über die Grenze kommen lassen, raten die Seinen, ihn dann niederschmettern und die Leichen den Wölfen und Raben übergeben, als wären sie solche von Ketzern!

Aber es gab keine Leichen, weder für Raben noch Wölfe. Heinrich, der mit kleiner Schar heranzog, bekam rechtzeitig Kunde, daß der Überfall verfehlt. Er brach den Feldzug ab und marschierte gegen Worms, das in seinem Rücken aufgestanden – verführt durch den Mainzer.

Auch im Westen scheitert der Angriff des englischen Königs – die Franken bejubeln ihren tatenlosen Sieg, und im Herbst 1124 kommt über den Rhein die Prophetie: Wer gegen die heilige Oriflamme gekämpft, wird sterben binnen Jahresfrist!

Sie dringt zu allen Gegnern des Kaisers, sie spricht sich im Volk herum – und kommt auch Methild zu Ohren.

Die lacht – und erstarrt.

Immer fester krallt sich die würgende Hand um ihr Herz, und nur in Heinrichs Gegenwart täuscht sie sich selbst und ihn.

DIE SENDUNG

Weihnacht über Straßburg. Türme, von flimmerndem Schnee erhellt, steigen in tiefblauen Himmel, klirrend bricht Eis unter den Hufen der Pferde, auf den Bärten der Ritter, die am Hof erscheinen, klebt Reif.

Bitterkalt ist dieser Winter, die Erde tief hinab gefroren, sich wärmend, einer am andern, hockt das Volk bei spärlichem Feuer. Die Ernte war schlecht, das Brot wird teuer. »Friede!« schallt es durch das Reich. »Herr Kaiser, gebt uns Frieden!«

Vor dem Kamin der Pfalz, auf gurtenbespannten Stühlen, sitzt Heinrich mit den Fürsten von der linken Seite des Rheins.

– Friede! spricht auch er, zum Heil des Reiches und zum Heil unserer Seelen – Friede will ich schaffen!

Sie raten und sprechen bis tief in die Nacht, die Heilige Nacht, da das weiße Land im Sternlicht schläft, in der lautlosen Stille der Wächter nur ruft und zur zwölften Stunde die Glocke vom Dom das Heil der Welt verkündet.

Dann beugen sich harte Knie, dann öffnen und falten sich schwere Fäuste – vor einer Krippe mit einem Kind.

Friede ist die Botschaft und Friede der Schwur, der zur Weihnacht 1124 vom Elsaß her durchs Reich ertönt, von den Lippen des fünften Heinrich.

Der Kaiser hält Hof.

Die Stauferneffen erscheinen und beugen das Knie vor dem Oheim.

– Ich habe gefehlt, Herr Kaiser, sagt Friedrich, der Aufstand der Wormser in Euerm Rücken war meine Schuld. Ich tat nicht, was Ihr befohlen. Strafe kommt mir zu –

Heinrich legt die Hand auf seine Schulter ... Methild erschrickt, wie bleich sie ist:

– Steht auf! Friedrich, du hast mir treu gedient durch viele Jahre – es hat jeder einmal gefehlt in seinem Leben –. Konrad, was willst du von mir?

– Ich habe Blut an meinen Händen, Herr Kaiser. Auf einem Zug ins Heilige Land will ich es sühnen!

– Ich glaube, Konrad, es wäre besser, du bliebst im Reich. Vielleicht werden schwere Tage kommen. Und vergeßt es nicht, ihr beide: Hohenstaufen soll steigen, wenn der letzte Salier stirbt ... Bischof Otto von Bamberg – Ihr?

Schwere Seide, mit Pelz besetzt, fließt um des mächtigen Mannes Gestalt. Würdig neigt Otto das große Haupt und spricht mit tönender Stimme:

– Herr Kaiser beurlaubt mich. Nach dem Osten will ich ziehen, die Pommern zu bekehren. Sie beten noch zum dreiköpfigen Leib des Götzen Triglav, der Fürst des Landes treibt Schande mit vierundzwanzig Nebenfrauen und jeder Mann darf seine Töchter erschlagen, wenn er deren zu viele hat! ... Zwei unserer Priester fanden den Tod bei den Pommern. Doch will ich es wieder wagen – getreu dem Ruf von Bamberg und seinem hohen Gönner, dem zweiten Heinrich: das Christentum zu lehren bei den Völkern im Osten!

– Geht mit meiner Gnade, sagt der Kaiser, ich will Euch Männer und Gaben schicken. Begleite Euch Gott auf Euerm Weg nach dem Osten!

Otto von Bamberg dankte und ging.

Da war nur Methild noch im Saal.

– Du bist so müde, sagt sie, und nimmt leise seine Hand.

Er grübelt versunken:

90

– Das Reich in der Mitte – die Aufgabe gegen Ost – die Brücke nach dem Westen –
Sein Antlitz war bleich und feucht, als sie es mit den Händen umspannte –. Er begegnete ihrem Blick mit Augen, die nach innen schauten.
– Ja, Methild – du – die Brücke nach dem Westen –
Methilds Kopf sank an sein Herz, und nun schluchzte sie auf ... Weinte, bis der Tag erlosch vor der letzten der dreizehn heiligen Nächte.

Ein stürmischer Frühling braust über deutsches Land, Hungersnot bricht aus, Seuchen bedrohen Mensch und Tier, und das Volk prophezeit Unglück.
Mit der Botschaft des Friedens, in brennenden Schmerzen, zieht Heinrich den Rhein hinab, über Worms und Mainz und Köln. Wieder sind sie um die Osterzeit in Lüttich – wie damals, da Methild zu ihm kam aus England. Blühen nicht dieselben Bäume um die Pfalz, weht nicht der gleiche Frühlingswind?
Nach Aachen zieht Heinrich, verkündet, daß niemand mehr Beute machen, brandstiften oder stehlen soll.
Längst trabt sein Pferd ohne Reiter – auf einem Wagen liegt der Kaiser, stöhnend, mit eingesunkenen Wangen.
Zu Duisburg quillt Blut aus seinem Mund, dunkel und qualvoll.
– Es ist ein böses Geschwür – ganz nahe am Herzen, sagt der heilkundige Mönch in Methilds steinernes Gesicht. Er weiß nicht, ob sie ihn hört, sie ist bleich wie der Herr und wendet kein Auge von ihm.
– Ich will nach Niederlothringen, flüstert Heinrich ...
Ganz zurück muß sie ihn gehen, den Weg einstigen Glücks. Mit dem Sterbenden kommt sie nach Utrecht. Pfingsten ist es. Schwalben nisten rund um die Burg, und auf der weiten Ebene liegt schwellendes Gras.
Sie kniet an seinem Lager – nicht mehr allein. Die Großen des Reiches sind gerufen.

Heinrich richtet sich auf, ein Krampf entstellt die Stimme:
– Es ist gewiß, daß ich sterbe. Gelobet, die geraubten Besitzungen zurückzugeben, den Frieden zu wahren, bis zur neuen Wahl.
– Wir geloben es!
– Haltet, was ihr versprochen habt – auch der Kirche – zum Heil des Reiches.
– Wir versprechen!
– Herzog Friedrich von Hohenstaufen – möge dein Geschlecht herrschen nach mir! Dir übergebe ich mein Eigentum! ... Sorge du für die Kaiserin ...
– Ich verspreche, Herr Kaiser!
Seine Linke tastet nach dem Weib an seiner Seite.
– Methild – du – nimm die Zeichen des Reiches ... lege sie nieder auf der Burg von Trifels – bis die Wahl entscheidet –
Sie sieht ihn mit brennenden Augen an – das »Ja«, das sie sprechen will, wird ein Schrei –
Da bäumt sich Heinrichs starker Leib noch einmal hoch – mit der Faust fährt er an die Brust und zerreißt sein Gewand –
Während Methild ihn umfängt, brechen die Augen.

Durch reifende Felder zieht sie dahin, einem großen Strom entlang. Ruft nicht der Kuckuck aus dem Wald? Kniet nicht ein Kind am Ufer dort und taucht die Hände ins Wasser?
– Heinrich, wie heißt der Fluß? fragt das Kind.
Aber da – vor ihr – fährt langsam ein Wagen ... Eine Leiche ist darin ... Wer war es nur, der da starb?
Kriegsgeschrei echot vom Hügel, der Morgen ist klar, hell wiehern die Pferde ... Heinrich winkt und hebt sie aufs Pferd.
– Ich habe nur dich! flüsterte es in ihrem Nacken.
Sind es die Friesen, gegen die sie ziehen oder – sind das die Mauern von Mainz?
Aber der Wagen vor ihr – der Wagen ... Was verbirgt er nur?
– Sieh dort gegen Süden, das sind die Türme von Speyer, es ist die Stadt meiner Ahnen! ruft Heinrich.

Sie kann die Türme sehen im Abendlicht und hört seine Stimme ganz nah.

Aber der steinerne Sarg, die betenden Menschen –?

Es ist Kaiser Heinrich IV., den wir begraben, sagt sie laut – der Vierte, der Vierte …

Warum nur ist Heinrich nicht neben ihr, wenn sein Vater begraben wird?

Es ist so heiß … Murmeln und endloses Beten … und überall brennende Lichter … Sind es die Kerzen der Reichenau, die brennen sollen für Heinrichs Sohn?

Wie ist die Krone so schwer. Heinrich, sie sinkt mir aufs Herz. Heinrich, warum kommst du nicht?

Du sollst sie tragen in Sankt Jakobs Namen – die Krone – die Krone der Deutschen! –

2.

ENGLANDS KAISERIN

Eine heiße Julisonne brannte auf Santiago de Compostella im Norden von Spanien. Behütet von ehrbaren Brüdern, im Schutz einer neuen Kathedrale, lag hier der kostbare Schatz des christlichen Spanien, des Apostels Jakobus' Gebeine. Wann und durch wen sie aus dem Heiligen Land hierhergebracht, wußte niemand mehr zu sagen. Aber seit sie hier weilten, erschien der Heilige als weißer Ritter auf weißem Pferd den spanischen Streitern im Kampf gegen die Mauren des Südens. Mehr als einmal hatte er zum Sieg verholfen, und die Wallfahrt zu seinem Grabe galt für die Christenheit soviel wie ein Zug nach Jerusalem.

Gesegnete Mittagsstille lag über der kleinen Stadt rings um die Kirche, nur das Getrappel eines Pferdes hallte durch die Gassen. Kinder sprangen vor die Tür und blickten scheu aus schwarzen Augen. Ein Reiter mit bärtigem Gesicht und fremder Tracht ritt eilig vor das Kloster.

An der Pforte hielt er und trommelte den alten Hüter aus dem Schlaf.

– He! Schaff mir einen, der Deutsch kann, spricht er mühsam in spanischer Zunge, ich habe große Nachricht!

Der Alte ließ Roß und Reiter ein, stapfte fort und kam wieder mit einem ernsthaften Mönch, dem die schwarze Kutte von mageren Schultern fiel.

– Herr Ritter, was ist Euer Begehr? fragte er, und seine Sprache klang nach dem Schwabenland.

– Ich bin kein Ritter. Ich war der Falkner des Kaisers und Königs Heinrich, Gott hab ihn selig! Kuntz nennt man mich –

– Gott schenke deinem Herrn den Frieden, sagte der Mönch ein wenig scheu und rückte an seiner Kappe. Und was begehrt Ihr von uns?

– Ich begehre nichts. Ich melde, daß morgen um diese Stunde

unsere hohe Herrin, die Kaiserin des Reiches, zum Grab Eures Apostels kommt –

Der Mönch fuhr zurück, in Ehrfurcht oder Schrecken:

– Beim heiligen Jakob, stammelte er – die Kaiserin! Ihr müßt zum Abt!

– Bleibt, sage ich Euch! Ich kann nicht seine heidnische Sprache, Gott verdamm mich! Ihr sollt also wissen, daß Ihr für die höchste Frau des Abendlandes und elf Ritter Herberge schaffen müßt. Die Herrin will hier bleiben, ich weiß nicht wie lang.

– Die Ehre, die Ehre für den heiligen Jakob, murmelte der Bruder – ich wollte sagen für unser Kloster.

– Das meine ich auch, ächzte Kuntz und wischte sich mit dem Ärmel den Schweiß von der Stirn.

– Sie will wohl beten für die Ruhe ihres hohen Gemahls?

Kuntz nahm umständlich seinen Helm ab, trocknete dessen Innenseite, setzte ihn wieder auf und antwortete rauh:

– Ob mein verstorbener Herr Euern spanischen Apostel dazu braucht, weiß ich nicht –

– Das mein' ich wohl, sagte hastig der Mönch, die Frau Kaiserin kann nichts Besseres tun.

– Oho, was die Kaiserin Gutes oder Besseres tun kann, werdet Ihr gerade wissen, höhnte Kuntz. Aber er besänftigte sich, und seine Stimme klang dumpf, als er weitersprach: Sie kann keinen Trost finden, seit unser Herr starb. Ihr Vater wollte ihr die Krone von England geben, aber sie blieb in ihres Herrn Land. Sie spricht mit niemand und lacht nicht mehr und ist bleich wie der Mondschein.

– Und scheut doch nicht die Mühe, zu uns zu kommen, lächelte der Mönch gerührt, die weite Reise bei ihrem Alter!

Da lachte Kuntz aber doch:

– Alter sagt Ihr? Was glaubt Ihr denn! Die Kaiserin Methild war acht Jahre alt, als unser Herr sie krönen ließ – und heute zählt sie dreiundzwanzig –

Der Mönch fuhr von seinem Sitz auf, daß der Tisch wackelte:

– Ich muß es dem Herrn Abt melden!

– Vergiß nicht, ihm zu sagen, daß sie schön ist wie Eure Madonna in der Kirche! rief Kuntz ihm nach. Aber dann wandte er sich zu dem alten Pförtner:

– Jetzt gib mir was zu trinken, Euer Wein soll gut sein. Und ich bin scharf geritten.

Der verstand gerade so viel, daß es sich um Durst handelte und daß es eilte.

Als sie kam und aus dem Wagen stieg, schmal, blond und unerhört mädchenhaft, vor die Reihen der Mönche trat, die stumm sich neigten, in graue Schleier gehüllt, die Augen weit geöffnet – da zog der alte Abt die Hand zurück, die er zum Segen erhoben, und küßte den Saum ihres Ärmels.

– Hohe Frau, wir danken dir, daß du kamst, sagte er in der Sprache ihrer normannischen Väter. Es ist das erstemal, daß unser Kloster eine Kaiserin begrüßen darf. Möge der Segen des heiligen Jakob auf dir ruhen.

Sie zuckte, und ihre Augen schlossen sich – er fürchtete, daß sie die Sinne verlor.

Doch da redete sie wie aus weiter Ferne:

– Mein Weg hat mich von Deutschland hierher geführt. Drei Tage will ich bei Euch bleiben. Dann muß ich weiterziehen. Laßt mich ungestört, ich bitte Euch! Denn ich brauche Rat vom Apostel selbst.

Sie neigte leise den Kopf und schritt durch den Saal. Ihr grauer Mantel schleifte am Boden, die dunklen Augen blickten geradeaus. Wie ein Mensch, der vom Schein des Mondes geweckt, ohne Bewußtsein über die Dächer wandelt, ging sie durch die Reihen der Mönche, die links und rechts scheu vor ihr wichen, über Treppen und Gänge, bis in die Düsternis des Doms ... Langsam folgte ihr der Abt mit den schweigsamen Rittern.

Damals war es die vollständige Reliquie des Apostels, die unter dem Altare ruhte, Kerzen brannten davor und Rosen dufteten in zauberischer Pracht gleichwie aus maurischen Gärten ...

In diesen Tagen, wenn die Mönche in der Kirche sangen, früh, ehe es dämmerte, und abends, wenn die Sonne sank, sahen sie ein junges Weib dort auf dem bloßen Stein knien, reglos wie ein Bild.

In diesen Tagen klangen die Stimmen der Mönche schimmernd und schluchzend über der Erde Verderbnis und des Himmels Seligkeit, in sanften spanischen Lauten ertönten ihre Gebete für die ewige Ruhe eines toten deutschen Kaisers.

In diesen Nächten schreckte manch einer in seiner Zelle auf und hatte von einem bleichen Angesicht geträumt, von einer goldenen Krone auf blonden Locken – die nicht der Madonna gehörten ...

Sie selbst aber, der die Gedanken des Klosters galten, blickte mit brennenden Augen in die Bläue der spanischen Nacht, in das kalte Angesicht des Mondes ... Zum drittenmal war er voll, seit Heinrich von ihr gegangen. Noch immer wußte sie nicht, wie sie leben sollte in Zukunft.

In Sankt Jakobs Namen sollst du die Krone der Deutschen tragen, hörte sie Heinrichs Stimme tief in sich. – Die Krone der Deutschen! Sie gehörte der Wahl. Was galt es zu tun? – Sie versank in schweren Schlaf an jenem dritten Tag ihrer Pilgerschaft zum heiligen Jakob.

Da schwebte sie im Traum von Heinrichs Grab zu Speyer hinweg nach Westen. Am Ufer der fränkischen Erde fiel sie nieder in fürchterlichem Fall, daß ihre Glieder schmerzten. Aber aus ihrem Leib wuchs mählich ein Baum, so groß und weit, daß er über Frankreich, über das Meer hinweg seine Zweige spannte, bis nach England. All ihre Kraft verströmte in den Baum.

Als die Dämmernis des Bewußtseins kam, war ihr, als müsse sie schmerzhaft sich zusammenziehen in diesen schmalen Leib, der auf dem harten Lager des Klosters zu Santiago ruhte. Im Bogen des Fensters erhob sich die Sonne über den Horizont und es fiel ihr ein, während ein Stich in ihr Herz fuhr, daß der 25. Juli anbrach – der Jakobstag.

‚... Die Krone der Deutschen – sie wird nicht leicht sein für dich – aber als Christus Jakobus und Johannes fragte, ob sie seinen Kelch trinken könnten, sprachen sie: Ja, wir können es. Auch du sollst es können, Methild!'

Mit dem Klang von Heinrichs Worten tief im Herzen und der Weihe seiner Krone auf der Stirn, schritt Methild, die dreiundzwanzigjährige Kaiserin, über die Schwelle des Klostersaales.

– Herr Abt, ich danke Euch. Mir ist Rat geworden. Nun muß ich weiterziehen. Mein Schatzmeister wird Eurer Kirche die Geschenke übergeben, die wir aus Deutschland mitgebracht. Ich selbst aber habe eine Abschiedsbitte. Ich möchte von der Reliquie des Apostels die rechte Hand ...

Angstvoll, ratlos starrte der Abt sie an. Die Reliquie gehörte nicht ihm, sie gehörte der Kathedrale von Compostella, sie gehörte dem christlichen Spanien!

Die gleiche ruhige, leise Stimme sprach weiter:

– Ich bin am Tage des heiligen Jakobus zur Königin der Deutschen gekrönt worden. Heute sind es fünfzehn Jahre her. Seit heute morgen weiß ich, daß ich nach England gehen und die Krone meiner Väter erringen muß, trotzdem ich ein Weib bin. Ich führe eine Krone mit mir, die auf dem Haupt des deutschen Kaisers Heinrich geweiht ist. Sie und die rechte Hand des Apostels, den Ihr den »Maurentöter« nennt, sollen mich begleiten auf meinem Weg nach dem Westen – als äußeres Zeichen dafür, daß ich meine Aufgabe erfülle: Brücke zu sein zwischen den Germanen des Westens und den Germanen im Herzen von Europa –, denen meine Liebe gehören wird, solange ich lebe!

– Es ist auch der Tag von Sankt Christophorus, Heiliges kann heute über Fluß und Meer getragen werden, murmelte der Abt.

Er ging und holte mit behutsamen Händen den silbernen Schlüssel des Schreines, nahm von den samtenen Kissen die rechte Hand des spanischen Apostels.

Methild barg den Schatz in ihrem Kleid. Langsam schritt sie aus der Kirche und verließ noch am gleichen Tag das Kloster.

Ein junger Mönch, der mit den andern sie scheiden sah, wollte einen Lichtschein an ihr bemerkt haben.

101

Daraufhin verordnete der Abt seinen Mönchen ein dreitägiges Schweigen.

Der Ritt über die Pyrenäen in glühender Hitze, auf der großen Pilgerstraße, lag hinter ihnen. Zwei Wege trennten sich: der eine führte nach der Normandie, der andere nach Deutschland.

– Hier, sagte Methild zu den Deutschen in ihrem Gefolge, laßt uns Abschied nehmen. Kehrt heim, grüßt den künftigen Kaiser, Herzog Friedrich, und grüßt Deutschland ... Wenn ihr nach Speyer kommt ...

Sie biß die Zähne aufeinander und hob den Kopf. Im tiefblauen Himmel kreiste ein Adler mit unbewegten Schwingen. Die Prophetie Merlins stieg vor ihr auf: ein Adler wird kommen und nisten über den Bergen von Britannien ... Der Adler war tot, und sie mußte zurück zu den fremden Bergen einer fremden Heimat – weil der Wille dieses Adlers es wollte.

In der Mähne des Pferdes barg sie ihr Gesicht, ein schluchzender Schrei stieg auf und verhallte im Wald. Das Pferd hielt still, und die Ritter wandten sich ab.

– Zum Teufel, flüsterte der eine, ich lasse sie nicht allein. Ich gehe mit ihr!

Die andern nickten schwer.

Methild streckte ihre Hand aus:

– Macht es schnell – die Sonne steigt.

– Nein, Herrin, sagten die Deutschen, wir gehen mit dir, wir bringen dich zu deinem königlichen Herrn Vater. Vielleicht, wenn Herzog Friedrich gewählt ist, unseres seligen Herrn Kaisers Neffe, kommst du wieder mit uns zurück nach Deutschland.

Sie schüttelte den Kopf, aber es war ein kleines Lächeln um die zuckenden Lippen. Mit heißen Fingern hielt sie eines Ritters harte Hand:

– Ich darf nicht wieder zurück nach Deutschland. Ich muß nach England gehen. Aber wenn ihr noch eine Weile mit mir kommt, will ich's euch danken.

Rauhe Männerstimmen ließen die Kaiserin leben, die Geschirre
der Rosse klirrten, und im geflissentlichen Lärm des Aufbruchs,
verbargen sie alle ihre Rührung, während sie niederritten – den Weg
nach dem Westen.

IM NAMEN VON ENGLAND!

Der König von England, Heinrich I., weilte in seiner Normandie,
als die Tochter bei ihm ankam, deutsche Ritter im Gefolge, auf fal-
bem Pferd in dunklem Mantel, nicht mehr Königin Methild, die frohe – des toten Kaisers kaiserliches Weib: Mathildis Imperatrix.

Heinrich kannte sein eigenes Kind nicht mehr. Acht Jahre war sie
alt gewesen, da er sie an Englands Küste zum letztenmal gesegnet.
Nun steht sie vor ihm – reif, schön, mit stolzer Stirn über leidvollen
Augen. Mühsam spricht sie die normannische Sprache ihrer Väter,
mit dem harten Klang der Deutschen.

Doch sein Herrschersinn erkennt, daß Englands Thron unter dieser Erbin nicht zugrunde gehen wird.

Sein zweites Gemahl, Adelheid, die ihm kinderlos geblieben,
dient mit scheuer Liebe der jungen Tochter, die von einem schweren
Schicksal früh gezeichnet. Weihnacht verbringen sie in dem dunklen
Palast Rollos zu Rouen, Frühling zieht in das liebliche Land an der
Seine. Methild sitzt in Frauengemächern über Pergament gebeugt,
Ekkehards Chronik der Deutschen liest sie in den Nischen der ho-
hen Bogenfenster; am Kamin, während die Frauen sticken, hört sie
erzählen von Rollo, dem Ahn.

Einst war ein weißer Ritter gekommen, auf weißem Pferd, mitten
auf den Wogen der Seine, bis Rouen. Vor Herzog Rollo geladen,
fragte ihn dieser nach der Zukunft seines Geschlechts. Der Fremde
nahm einen Stab und zeichnete in die Asche der Feuerstatt einen
Baum mit siebenfach verzweigten Ästen.

– Und was wird nach dem siebenten Sproß kommen? fragte Rollo.

Der Fremde antwortete nicht, und am Morgen, ehe der Herzog ihn beschenken konnte, war er aus der Stadt verschwunden.

Methild zählte still die Ahnen: sie selbst war das siebente Glied. Mit ihr mußte das Geschlecht erlöschen. Sie hebt die Augen und begegnet des Vaters Blick. Was denkt er nur? Eine Frage steht auf seinem Gesicht. – Der Traum von Santiago steigt vor ihr auf, ein Baum, der aus ihr wächst – und es stockt ihr Atem ...

Langsam steht sie auf, in Ekkehards Chronik liest sie nach. Keine der deutschen Kaiserinnen hat wieder geheiratet nach dem Tod des Gemahls, nicht Agnes nach Heinrichs Vater, nicht Kunigunde nach Heinrich dem Sachsen.

– Heinrich! flüsterte sie, niemand kann von mir verlangen, daß ich einen andern Mann erkenne nach dir ... Aber die Krone von England will ich tragen, weil ich die Brücke sein soll nach dem Westen; ich werde um sie kämpfen und sie gewinnen – was immer es koste!

In Deutschland, so kommt die Kunde, hat Adalbert von Mainz es durchgesetzt, daß Lothar gewählt wurde, der Sieger vom Welfesholz und Freund der Päpste. Heinrichs Stauferneffen sind um die Krone gebracht. Adalbert von Mainz hat den toten Kaiser noch verraten. Sie aber wird tun, was er geheißen. Sie, mit dem Erbe des Bluts von Normannen und Angeln – und der Weihe der Deutschen!

Um Michaeli 1126 landet Methild mit ihrem Vater in England.

Die weißen Felsen ragen, Sturm jagt das Meer, und ihre Hände krampfen sich. Fremd ist ihr das Land geworden – aber sie will seine Krone.

– Die Barone würden wahrscheinlich für deine Erbfolge zu gewinnen sein, sagte König Heinrich, wenn Robert von Gloucester, dein Halbbruder, sich von deinem Recht überzeugen ließe –

– Mein Halbbruder?

– Ja, eine Walliserin hat ihn mir geboren, zehn Jahre ehe du zur Welt kamst. Ich habe ihn zum reichsten Mann von England gemacht, er besitzt Gloucester und Bristol und durch seine Frau unzählige Burgen.

– Kann man ihm nicht noch eine Grafschaft schenken?

– Das wäre zwecklos, denn Robert hat mehr Güter als Ehrgeiz. Er wird nur zu gewinnen sein, wenn er sich selbst von deinem Recht und deiner Kraft überzeugt hat.

Es gab lange und schwere Verhandlungen. Die Barone, die Bischöfe stellten sich gegen den Wunsch des Königs. Nicht Sitte war es, daß Englands Thron ein Weib bestieg. Und noch lebte Wilhelm, der Sohn Roberts von der Normandie, des Königs Neffe, in dem auch das Blut Wilhelm des Eroberers floß. Was sollte die Schwäche eines Weibes auf dem Thron?

Während der König um die Erbfolge seiner Tochter kämpfte, wartete Methild hinter verschlossenen Türen der Frauengemächer. Nie sprach sie von ihrer Vergangenheit, nie kam Heinrichs Name über ihre Lippen. Kein Mensch sah sie weinen, und kein Mensch sah sie hoffen.

In diesen Wochen trat Robert von Gloucester in ihr Leben.

Genau geprüft hatte er die Frage der Thronerbschaft Methilds. Jetzt bat er um Unterredung bei der Kaiserin.

Als sie sich gegenüberstanden, fühlten sie beide die Ähnlichkeit ihres Bluts. Auch er hatte das Adlergesicht der Normannen, den schmalen Schädel und sehnigen Körper. Nur seine Augen waren heller und seine Haare dunkler als die ihren.

– Herrin, begann er mit tiefer Stimme, ich bin zu dem Schluß gekommen, daß Euch von Rechts wegen die Herrschaft gebührt, denn Ihr allein seid königlichen Bluts von Vater und Mutter her. Ihr seid Normannin und zählt zugleich die königlichen Angelsachsen zu Euern Ahnen. Stephan von Mortain und Blois, der Neffe unseres Herrn Königs, den die Barone als Erben begünstigen, ist Franzose von seiner Mutter her –

– Ihr vergeßt aufzuzählen, fiel Methild ein, daß ich vierzehn Jahre lang Königin der Deutschen war –
Robert sah sie aus klaren, grauen Augen an:
– Das kann für uns in England nicht zählen.
– Ich glaube, Graf Gloucester, sagte sie ruhig, dann werden wir uns nie verstehen.
– Vergebt, Herrin, wenn ich Euch kränkte. Versteht, daß ich von der Frage des Rechtes spreche –
– Auch ich, sagte Methild scharf.
Robert zuckte nicht mit der Wimper; er beugte nur leicht den Kopf:
– Ich bin gekommen, Euch zu sagen, daß ich, was immer kommen mag, hinter Euch stehen werde. Auf meinem Schild steht: Unbesiegte Treue siegt. Ihr mögt es erproben. Doch für die Bischöfe von England und für die Barone ist es schwer, einem Weib Treue zu schwören. Nie hat der Normanne vor einer Frau das Knie gebeugt – in Dingen, die unser Land betrafen. Sie sähen lieber Stephan von Mortain auf dem Thron, trotzdem er nicht in gerader Linie zum König steht. Vielleicht sind sie umzustimmen, aber jedenfalls werden sie eine Bedingung an ihren Treuschwur knüpfen – und auch ich muß diese Bedingung stellen, weil ich glaube, daß Englands Wohl es fordert ... Ihr müßt versprechen, einen Gemahl zu wählen!
Robert von Gloucesters schmales Haupt drehte sich zur Seite. Er fühlte, wie das junge Weib vor ihm erstarrte.
– Herrin, ich bitte nun um Abschied, ich fürchte Euch zu ermüden, sagte er leise. Er sah ihr nicht mehr ins Gesicht, bog leicht das Knie und schritt zur Tür. Er, der Königssohn, erriet, daß man die künftige Herrin von England nicht schwach sehen durfte.

Ein fremder Mann an Heinrichs Statt: – das also forderte England!
Am Morgen, nachdem Gloucester im Schloß gewesen, fanden die Frauen der Kaiserin ein zerwühltes Bett und unter zerrissenen Seidenpolstern verweinte Linnentücher.

Sie selbst schickte das Mädchen fort, das in einem silbernen Kännchen Waschwasser über ihre Hände gießen wollte, und verlangte, daß man ein heißes Bad ihr richte. In silberdurchwirktem Mantel ruhte sie danach auf dem Lager der Badestube; ließ sich die gelben Zöpfe flechten, dann zog sie mit eigenen Händen aus der Truhe ein Kleid – das mit dem goldenen und grünen Ärmel, aus der Zeit ihrer Statthalterschaft über Italien; sie hängte die Perlen um, die Heinrich in Venedig ihr geschenkt, und barg an ihrem Herzen den Goldreif aus Utrecht ...

Gegen Mittag erschien sie vor dem Vater:

– Ist es wahr, daß die Großen deines Landes mir schwören werden – nur wenn ich mich verheirate?

Des Königs schweres, großes Haupt nickte statt aller Antwort.

– Und wen würdest du wählen? fragte Methild, und ihre Lippen zuckten.

König Heinrichs Gesicht leuchtete auf, er streckte der Tochter beide Hände entgegen. Sie sah es nicht.

– Wer soll es sein? drängte sie.

– Ich glaube, es wird ein Anjou sein müssen, Maud. Unsere Normandie ist gefährdet, solange Anjou uns nicht befreundet ist. Fulco von Anjou treibt ein ewiges Spiel zwischen Frankreich und England – er war uns treu, solange dein Bruder Wilhelm mit seiner Tochter verlobt war – als Wilhelm ertrank, ging er wieder zu Frankreich über. Fulcos Sohn ist zwar erst fünfzehn Jahre alt –

– Fulco hat auf der Seite des Königs von Frankreich gestanden – auch damals gegen den Kaiser! – Methild lachte mit bleichen Lippen.

– Ich sage dir ja, er muß gewonnen werden, denn seine Macht ist die gefährlichste in Frankreich, nach dem König der Franken selbst.

– Wie heißt – das Kind? fragte die Tochter.

– Gottfried ... Das Geschlecht der Anjou ist das älteste von Frankreich, du weißt es; edel ist das Blut. Sie sagen, von den griechischen Helden stammen sie ab. Und Parzival, den sie den Gralskönig nennen, war ihnen verwandt. Im Frühling, wenn du willst, kann

Verlobung sein. Dann bleiben dir zwei Jahre Zeit; denn der Knabe taugt noch nicht zur Ehe.

Methild schloß die Augen ... Vor ihr flackerten zwei Kerzen, der Duft fremder Gewürze stieg durch die Frühlingsnacht, und Heinrichs Stimme klang hin über die Reichenau: Du wirst einen Sohn haben – und er wird herrschen zu beiden Seiten des Meeres!

Ihre Hände gruben sich in die Lehne des Sessels:

– Vater – wenn ich einen Sohn bekomme von dem Sproß der Anjou?

– Wird er unbestritten herrschen über England und die Normandie – nach dir.

Der Wind heulte auf vor dem Schloß – oder war es ein Kind, das irgendwo weinte?

Mit verhaltenem Atem sprach Methild:

– Vater, laß die Fürsten wissen, daß die Kaiserin bereit ist, zu tun, was sie fordern – im Namen von England!

König Heinrich, der sich vor niemand erhob, stand auf und legte die Hand auf ihre Schulter. Sein hartes Gesicht zitterte. Methild aber bog den Kopf zur Seite:

– Laß mich, Vater, sprach sie leise und schritt aus dem Saal ...

Die Kraft war zu Ende.

Wieder dachte Heinrich I., daß der Thron seiner Väter unter solcher Erbin gesichert sei.

Zu Westminster sitzt die Kaiserin, zwischen König Heinrich und seiner Frau, am Tag der Drei Könige, 1127. Sie trägt einen roten Mantel über weißem Kleid, der schmale Goldreif auf ihrem Haupt ist nicht in England geschmiedet ...

Im Halbkreis stehen die Grafen, Barone, Bischöfe und Äbte des Landes, David, der Schottenkönig, an den Stufen des Thrones; links, zu Heinrichs Füßen, Robert von Gloucester, der Bastard, rechts Stephan von Mortain und Blois, der Neffe.

Umständlich, in ihren schweren, reichgestickten Kleidern, haben sich alle auf einen Wink des Königs gesetzt. In die lautlose Stille hinein spricht Heinrich I.:

– Schweres Unglück hat England heimgesucht, als unser Sohn Wilhelm ertrank. Ihm hat das Land von Rechts wegen gehört. Nunmehr ist es meine Tochter, Mathildis, die Kaiserin, der die Thronfolge gebührt. Vierzehn Könige der Angelsachsen zählt sie in ihrem mütterlichen Stamm; vom Vater her alle Könige der Normannen seit Wilhelm dem Eroberer. Ihr Recht ist erwiesen und von euch geprüft. So schwört, daß ihr sie und ihren künftigen Gemahl als Herren über England anerkennen wollt, wenn ich sterbe!

Es erhebt sich Wilhelm von Canterbury, Primas der englischen Kirche und päpstlicher Legat, in lila rauschendem Gewand und kreuzbestickter Stola:

– Ich schwöre bei Gott dem Allmächtigen ... Er beugt sein stolzes Knie.

Nach ihm treten die Bischöfe vor, einzeln, mit erhobener Hand.

Dann David, der lange, schmale König der Schotten.

Hierauf Adelheid, des Königs Frau.

– Robert, Herzog von Gloucester! ruft der Herold nach ihrem Schwur.

Der erhebt sich und steht vor dem königlichen Vater:

– Herr König, gewährt, daß Stephan von Mortain vor mir schwört. Es gebührt der Vorrang seinen Jahren ...

Erstaunt blickt der König, die Fürsten sehen sich an. Ja – hat nicht selbst die Kaiserin, die, steinern wie ein Bild, mit halb geschlossenen Augen, teilnahmslos dem Vorgang folgt, den Kopf nach den beiden gewendet?

Stephan von Mortains Augen begegnen Gloucesters Blick ... zwei Schwerter sind es, die sich kreuzen.

Da spricht der König:

– Gut, Stephan, schwöre du zuerst!

Und so schwört er als erster in der Reihe der weltlichen Großen, Stephan von Mortain und Blois, und alle merken auf bei seinem Schwur, daß er Kaiserin Mathildis als Erbin anerkenne.

– Brian Fitz Count, Herr von Wallingford! ruft der Herold, nachdem auch Gloucester sich gesetzt. Die Grafen waren an der Reihe.

Brian kam, der Sohn des Grafen Alan Ferrant von Bretagne, am Hof des Königs erzogen und wohl in Gunst bei ihm. Als er vortrat, stark, schön, mit schallender Stimme, da war deutlich zu sehen, daß seine leuchtenden Augen, schärfer als die der anderen, in die Richtung der Kaiserin spähten.

Aber sie saß unbeweglich, mit starrem Antlitz und blicklosen Augen, im Zwielicht des fallenden Wintertags wußte man nicht, ob sie ihn angesehen.

GOTTFRIED MIT DEM GINSTERZWEIG

In jener selben Weihnacht hielt auch Ludwig VI. von Frankreich Rat. Solange die Normandie unter Englands Herrschaft stand, drohte dem Land der Franken und der Stadt Paris Gefahr. Es galt, Feinde zu werben für die kommende Erbin des normannischen Landes.

Er wandte sich an Fulco, den mächtigen Grafen von Anjou, das Zünglein an der Waage in allem Streit zwischen Frankreich und Britannien. Aber er kam zu spät. Heinrich von England spielte mit großer Karte. Er bot Mathildis, die Erbin, für Gottfried, den Sohn Fulcos von Anjou … Fulco, der König von Jerusalem hieß, war sich zwar seiner Stellung bewußt – aber solche Schwiegertochter für den fünfzehnjährigen Sohn konnte er doch nicht ausschlagen.

Zu dieser Zeit kamen Fürsten aus der Lombardei, Ritter aus Lothringen bis nach England und wollten Kaiserin Methild zurückholen ins Reich. Zehn Jahre sind es her, seit sie über das Römische Land geherrscht in des Kaisers Namen; unvergessen ist »Piissima Mathildis«, die blonde, auf den Gütern von Tuscien. Aber Methild kennt ihren Weg, sieht nicht mehr zurück.

Ihre Finger ziehen bunte Seidenfäden durch Damast – es sollte eine Decke werden für den Altar von Reading, wo sie die Hand des Apostels Jakobus niedergelegt. Und schweigt.

– Frau Kaiserin, habt Ihr Deutschland vergessen? fragen die Ritter.

Sie läßt die Hände sinken, sie sieht einen nach dem andern an, und ihre Augen werden rot.

– Nein. Ich habe nichts vergessen!

Wie soll sie erklären, was niemand versteht: daß Heinrich selbst sie nach England geschickt – sie, die Brücke sein soll nach dem Westen?!

Mit großen Gaben entläßt sie die Fürsten. Sie ziehen heimwärts, enttäuscht und betrübt.

Und dann – dann wurde es wieder Pfingsten – zwei Jahre, nachdem Heinrich V. gestorben, siebzehn Jahre nach Methilds Verlobung zu Utrecht. Wieder sieht sie die weiße Küste versinken, und aus dem Wasser tauchen die grünen Ufer der Normandie. Auf ihrem Schiff sind Robert, der Halbbruder, und Brian Fitz Count. Im Namen des Königs sollen sie die Kaiserin verloben an den jungen Grafen von Anjou.

Brian, des Königs Liebling, sitzt rittlings auf der Bank, Methild zugekehrt, und singt zu einer kleinen Harfe Lieder seiner bretonischen Heimat. Von Tristan, der die goldhaarige Isolde König Marke gebracht ...

– Brian, wißt Ihr kein anderes Lied? sagt Methild. Ich glaube, es paßt schlecht für mich, was Ihr spielt.

Ihre Wangen sind von der Luft des Meeres gerötet, die Augen blicken klar, und nur der Mund ist seltsam schmal.

Brian wirft die Harfe auf die Bank und runzelt die Stirn:

111

– Vielleicht paßt es doch, Herrin. Verzeiht, wenn ich sage, daß Ihr schön ausseht und jung… viel zu schön für den kleinen Knaben –
– Ist das die ganze Weisheit von Brian Fitz Count?
– Nein. Ich weiß noch mehr. Auch Tristan hätte besser getan, Isolde nicht zu König Marke zu bringen …
– Seid Ihr zu Ende?
– Ja.
– Schade. Ich hätte gern etwas anderes von Euch gewußt. Zum Beispiel – wen die Barone von England lieber gesehen hätten an der Stelle des Anjou …?
– Einen von uns, Herrin! Unser Blut ist wohl noch so edel wie seins!

Er blickte zur Seite und sah sie doch wieder an, die bräunliche Farbe seines Gesichts färbte sich um einen Schein dunkler. Er schüttelte den Kopf:
– Die Kaiserin von Deutschland und künftige Herrin über England als Gräfin von Anjou – wer versteht das?

Robert von Gloucester saß abseits, teilnahmslos schien er bis jetzt. Nun wendete er langsam den edlen Kopf:
– Brian, Ihr seid ein Tor, wenn Ihr glaubt, daß es sich um Blut nur handelt. Wollt Ihr besser wissen als unser Herr, was Englands Macht auf dem Festland erfordert?

Brian zuckte die Schultern, und sie schwiegen alle drei. Schweigend fuhren sie ein in die Mündung der Seine. Im Abendlicht glänzten die Türme der Kathedrale von Rouen.

Bleich, mit erzwungenem Lächeln, schritt die letzte aus Rollos Stamm durch huldigende Bürger zum Palast ihres Ahnherrn.

Der Erbe von Anjou war in dem Alter, wo die Stimme zu schwanken beginnt, Hände und Füße zu groß werden und der erste Haarflaum an den Wangen Ehre bedeutet. Die Grafschaft sprach von seiner Schönheit, und unter den Altersgenossen galt er als gewandter Fechter. Er liebte Musik und schöne Kleider, er trug, solange in Anjou der Ginster blühte, stets einen frischen Zweig auf seinem Helm, und schon begann er die Mädchen zu mustern, wenn er durch die Dörfer ritt und sie am Wasser ihre Wäsche wuschen.

Durch seinen Vater Fulco erfuhr er, daß eine Kaiserin ihn heiraten wolle, die zehn Jahre älter sei. Gottfried senkte den schönen Kopf und berichtete unter wohlerwogenen Seufzern seinen Freunden, er müsse durch eine alte Frau die Herrschaft über England erkaufen. Denn auch die Kaiserin von Deutschland könne stolz sein, einen Anjou zu bekommen, der niemals in Gegenwart des französischen Königs gerügt werden dürfe, was immer er verbrochen.

Dann, zu Rouen, wie er vor sie trat, in goldgewirkter Tunika und purpurnem Mantel, mit geprägten Leoparden an den Schnabelschuhen und einem schweren Männerschwert an der Seite, da fand er sie zwar nicht so alt – auch häßlich wohl nicht – aber dafür kletterte ihm etwas wie eine ganz kleine Angst den Rücken hinab ...

Tadellos beugte er das Knie vor ihrem Thronsessel und berührte mit vorsichtigen Lippen ihre Finger. Er durfte sie zum Mahl führen und tat es, wie man eine Dame zum Tanz geleitet. Aber er fand nicht gleich die Worte, die ihm sonst so leicht von den Lippen kamen. Ja, als sie ihn fragte, ob er schon zum Ritter geschlagen sei, stotterte er zu seinem Ärger:

– Noch nicht – Frau Kaiserin – ich glaube – ich sollte –

– Schon gut, nickte sie, ich werde meinen Vater bitten, daß er es tut.

Er dankte, schluckte schnell zweimal und sprach beflissen:

– Ihr habt, Frau Kaiserin, wohl schon den Ritterschlag in Rom gesehen, auf der Tiberbrücke, den der Kaiser erteilt, ehe er gekrönt wird –

Er hielt ein, gekränkt, denn Methild sprach mit dem Bischof zu ihrer rechten Seite.

– Man sagt, Euer Geschlecht sei mit Parzival verwandt, fing sie nach einer Weile an, mit Parzival, dem Gralskönig, von dem unsere Spieler singen –

– Ja, nickte er eifrig, aber wir kommen noch viel weiter her. Von

113

Ajax Telamon stammen wir ab, der vor Troja kämpfte, er war der schönste und tapferste Held von Achill – ein Urenkel des Zeus – – So, sagte Methild. Und warum tragt Ihr einen Ginsterzweig auf Euerm Helm?

– Mein Vater trug eine Ginsterblüte, als er vor Jerusalem kämpfte. Plantagenet heißt sie bei uns –. Gefällt sie Euch nicht? fragte er schelmisch, denn Graf Gottfried hatte es oft schon gehört, wie gut die gelbe Farbe zu seinen braunen Locken stehe.

– Doch, sagte die Kaiserin, Ihr könnt sie tragen – meinetwegen –

Dem Bischof, der die Ringe an ihre Hände stecken wollte im großen Saal des Palastes zu Rouen, unter den Wappen und Schilden der Normannenfürsten, hielt Methild ihre Linke entgegen.

Der sah auf – wartete –. Ihre Rechte lag unbewegt auf der Lehne des Thrones, und an dem vierten Finger strahlte, blau in Gold, ein Ehering.

Der Bischof von Rouen war ein alter Mann mit gütigem Mund unter sehr klaren Augen. Er tat, als kümmere es ihn nicht, und den Segen über Methild sprach er langsamer und inniger als den über dem Lockenkopf des Anjou.

– Es geht nicht, Herrin, meldete sich Gloucester nach der Feier, daß Ihr Eure einstige Stellung zu sehr zur Schau tragt. Der Ring an Eurer Hand ist von Kaiser Heinrich und der auf Eurer Stirn – wenn ich richtig sehe, stammt er aus Rom.

– Der kleine Anjou heiratet die Königin der Deutschen und die Kaiserin der Römer, er soll es beizeiten wissen!

– Nein, er heiratet die Erbin von England!

– Graf Gloucester, ich fürchte, wir verstehen uns immer noch nicht –

– Und ich fürchte, daß wir uns verstehen müssen – Frau Schwester! Ihr seid eine Deutsche geworden; ich aber bin mit dem englischen Boden verwachsen, die Barone kennen meinen Namen und mein Gesicht. In Euch sieht man die Fremde, die ihre Vergangenheit betrauert, von niemand in England gekannt ist und unsere Sprache nicht mehr ganz richtig spricht. Wenn wir nicht zusammenstehen, wird es kein Heil geben! Wir haben, Ihr und ich, denselben Vater gehabt –

Er ging, ehe Methild ihn entließ.

Im Jahre 1128, Methild war längst wieder in England und lebte am Hof ihres Vaters, lernend und sinnend, starb Wilhelm, der Günstling des französischen Königs für die Erbschaft der Normandie. Ludwig hatte sein Spiel in Flandern verloren. Er unterschrieb das Erbrecht König Heinrichs auch für Flandern. Englands Macht auf dem Festland ist gesichert. Nun kommt der Lohn für den Anjou. Gottfried nähert sich seinem achtzehnten Lebensjahr, vom englischen König ist er eigenhändig zum Ritter geschlagen; jetzt muß er zur Ehe taugen.

Zu Pfingsten 1128 steht die Kaiserin mit dem Erben von Anjou vor dem Altar zu Maine, siebenundzwanzig und siebzehn sind sie alt, die Väter stehen Zeuge, Turgisius, der Bischof von Avranches, spricht den Segen.

Purpur und Gold, venezianische Pracht, hüllen Methild ein, Perlen rieseln darüber. Aber unter gelbem Gelock, unter schwerem Diadem ist die Stirn verdüstert, der Mund erstarrt. Der Junge ist schön und keck, über Locken und Federn wippt auch heute der gelbe Ginster – Plantagenet!

Die Festlichkeiten beginnen, und der König hat kundgetan, daß jeder sich schuldig macht, der nicht erscheint. In die Decke des großen Saales der Königsburg müssen Löcher geschlagen werden, damit der Rauch zahlloser Fackeln nicht die Luft verqualme. Drei Wochen dauert die Feier.

Dann ziehen Graf und Gräfin von Anjou in Angers ein, in das Schloß mit den breiten, runden Türmen, auf schwarzem Schieferfelsen, in weinbewachsenem Land. Priester und Bürger stehen Spalier mit brennenden Lichtern und wehenden Fahnen; die Glocken läuten, Kinder streuen einen dichten Teppich von Blumen auf den holprigen Weg – rote und weiße Rosen vor Methild, gelben Ginster vor Gottfried. Nie hat das schwarze Angers solch hohe Braut begrüßt.

Das Ehebett segnet ein Priester ein, und heimlich schwingen die Frauen Rauchfässer über den Kissen, damit die Ehe glücklich sei.

Gottfried gilt mit seinen siebzehn Jahren als der schönste Ritter von Anjou, er kennt des Lebens strahlende Seite, Jagden, Turniere, Liebesspiel und pflichtenloses Erbrecht. Der Vater, Fulco, will im Herbst nach Jerusalem ziehen und dort seine Tage beschließen. Er sagt, das Heilige Land rufe seine Seele, und gern überlasse er dem Sohn die Grafschaft. Ritter allerdings, die aus Jerusalem kommen, wollen wissen, daß auch Milisinda, die schöne Tochter König Balduins, dort drüben auf ihn warte – auf Fulcos Seele und Leib. So wird Anjou in Gottfrieds Hände fallen – wie in der Zukunft England; denn Methild, die Erbin, ist ehelich ihm angetraut.

Heinrichs Weib im Bett eines Knaben. Die Kaiserin von Deutschland in der Reihe der Schönen von Anjou! Was an ihr Reife ist, kann er nicht erkennen, und daß sie einem Toten Treue hält, hat er nicht gewußt.

Stümperin nennt er sie, eines deutschen Barbaren läppisches Weib. – Wenige Tage, nachdem sie eingezogen, in einer warmen Juninacht, als Gottfried ins Bett seiner Frau tastet, ist es leer. Er sucht im Gemach – er fragt die Mägde. Sie schauen bestürzt und wissen von nichts. »Sag es mir, mein Kind, flüstert er der Kleinsten ins Ohr, ich werde dich nicht bestrafen.« Aber sie knickst und schwört bei der Jungfrau, daß sie ihre Herrin heute abend zu Bett gebracht wie sonst.

Da läßt er Pferde satteln, um sie einzuholen.

Im schwarzen Knabenwams, mit verhängten Zügeln, ritt Methild durch Anjou, auf der Flucht vor dem eigenen Mann. Drei Knechte folgen ihr nach Nord, der väterlichen Normandie entgegen. Tagelang hetzt sie ihr Pferd, der Weg wird weit, sie schätzt wie von Basel nach Worms. Vor jedem Dorf biegen sie aus, leben von Brot und Beeren, schlafen in den warmen Nächten unter freiem Himmel auf trockenem Gras.

Wenig spricht die Kaiserin, stumm sind die Knechte. Sie begreifen, daß die Herrin flieht. Als die erste normannische Stadt am Horizont erscheint, wirft sie die Arme hoch und stößt einen Schrei aus wie das Wild, wenn es der Grube des Jägers entgeht.

»Mathildis Imperatrix«, so schreibt sie,

»Dem Grafen Gloucester Gruß!

Schimpflich geschmäht, sind wir vor fünf Tagen von Schloß und Land Anjou geflohen. Wir kehren nach England zurück.

Schicket mir Leute und laßt es meinen Vater wissen.«

Von Rouen segelt der Bote nach Shoreham, und Gloucester meldet es in schonungsvollen Worten seinem Herrn. Der König tobt. Dann fährt er selbst, unverzüglich, um gutzumachen, was geschehen. Seit wann zerbrach das Schicksal einer Königslinie an Knabentrotz und Weiberschmach? Noch nie war Englands Zukunft auf dem Festland gesichert wie jetzt.

Doch in demselben Raum zu Rouen, wo Methild Verlobung gefeiert, verweigert sie des Vaters Bitte, zurückzukehren nach Anjou. Er beugt den Kopf, er ist klug und weiß, daß die Zeit mehr vermag als ein König und ein Vater. Und auch er kämpft mit dem Zorn gegen den Knaben.

Als Vater und Tochter den Boden Britanniens betreten, wartet Gottfrieds Bote. Er bittet um Verzeihung »zu Füßen der ausgezeichneten Augusta«. In seinem Land ist Aufruhr –. Auch Hildebert, der Bischof von Mans, sendet ein Huldigungsschreiben und schließt mit einem Hymnus auf ihre »königliche Haltung und angeborene Schönheit«. Methild zerknüllt die Pergamente und reitet mit dem Vater in Winchester ein.

Inzwischen hat Roger, Bischof von Salisbury, erklärt, daß er sich des Treueids für die Königstochter entbunden erachte, er habe unter der Bedingung geschworen, daß der König nicht ohne ihn und die Barone zu befragen, seine Tochter einem Ausländer vermähle. Das Murren wurde allgemein, ohne daß man erriet, von wem es ausgegangen.

– Stephan steht dahinter, sagte Methild, er will Erbe sein. Aber er wird sich täuschen!

– Habe ich nicht gesagt, meinte Brian Fitz Count, daß unsere Barone keinen Anjou zu Eurem Gemahl wollen? Unter ihnen, sagen sie, hättet Ihr besser gewählt.

Methild sieht, wie schön er ist, wie stark und treu. Und weiß, daß er sie liebt.

– Brian, sagt sie, vielleicht habt Ihr recht gehabt an jenem Abend auf dem Schiff vor Rouen – vielleicht hätte ich einen der Euern nehmen sollen. Aber es ist geschehen. Nun gibt es kein Zurück. Und im Grund gilt es mir gleich, wer es ist.

Auf den dritten Brief, den Gottfried reuevoll nach England schreibt, bekommt er Antwort. Zu Michaeli, wahrscheinlich, werde sein Weib wieder bei ihm sein. – Aber ehe die Kaiserin aus England scheidet, verlangt sie von den Baronen zum zweitenmal einen Eid: für sich und für einen künftigen Sohn aus ihrer Ehe mit dem Anjou. Sie empfängt die Huldigung am 8. September 1131 zu Northampton mit leuchtenden Augen, die linke Hand in die Seite gelehnt, Heinrichs Ring an der Rechten und Heinrichs Diadem auf dem Haupt; sie atmet die Bewunderung, saugt Kraft aus den Schwüren ... Es ist keine Genesung und kein Vergessen, aber ein klares, unerbittliches, eisernes Erwachen.

Als sie gerüstet war zur Rückkehr nach Frankreich, hätte kein Deutscher sie wiedererkannt.

Gottfried empfängt seine Frau in Ehren, sie schläft bei ihm, wenn nicht andere es tun; ein Kind will sie von dem Sproß der Anjou, den Knaben, für den die Lichter brennen – dort, auf der Reichenau ...

Im Bild der Zwillinge steht die Sonne, als sie empfängt. Lange verschweigt sie es vor Gottfried. Dann, eines Tages zu Avranches, sagt sie ihm, daß er Vater werde.

In all seiner Leichtfertigkeit, seiner Jugend und Tändelei freut er sich auf das Kind.

– Wie wird unser Sohn heißen? fragt er stolz.

– Heinrich, sagt sie ohne Besinnen.

– Heinrich? Das ist kein Name, den die Anjou tragen. Warum soll er nach seinem Großvater heißen und nicht nach mir?

– Nach seinem Großvater? Methild spricht verständnislos die Worte nach. Dann lächelt sie und sagt mit jener leisen festen Stimme, vor der es keinen Widerspruch gibt:

– Mein Sohn, der den Thron von England erbt, kann nur Heinrich heißen. Das weiß ich.

– Gut, soll mir auch recht sein, meint Gottfried achselzuckend. Er wird doch ein Anjou, vergiß das nicht!

Er ging zur Tür, ohne auf sein Weib zu achten, das die Hände schützend über den eigenen Leib hielt und weit hinaus sah auf das Wasser bis dorthin, wo der Berg des Erzengels Michael aus dem Meere stieg ... Hoier von Mansfeld hatte der kleinen Kaiserin einst vom Mont Saint Michel erzählt – drei Tage vor der Schlacht am Welfesholz ... Nun sah sie ihn vor sich in dem Augenblick, als sie ihrem Kind den Namen gab.

– Am 5. März 1133 zu Maine, an einem Sonntag, auf dem Gebiet englischer Lehensherrschaft, gebar Methild einen Knaben. Er hatte rotblonde Härchen und blaue Augen; als man ihn, gewaschen und gewickelt, der Mutter ins Bett legte, verlor sie die Besinnung, und nur durch scharfe Gerüche fand sie zum Leben zurück. Dann preßte sie den winzigen Körper des kleinen Heinrich an ihre Brust und redete zu ihm in einer fremden Sprache. Scheu blickten die Frauen. König Heinrich aber, der zu dem Enkel gekommen war, weil er nach ihm getauft werden sollte, wandte sich ab. Er hatte gehört, daß sie Deutsch sprach – und begriff ... Heinrich von Anjou, der Erbe von England, trug seinen Namen nach jenem Mann, den Methild nicht vergessen konnte – dem deutschen Heinrich.

Methild wurde noch schweigsamer, seit Heinrich von Anjou auf der Welt war. Stundenlang saß sie an seiner hölzernen Wiege, sah die spielenden Fingerchen und scheuchte die Fliegen von dem flaumigen Kopf. Gottfried gegenüber zeigte sie sich weich und war ihm zu Willen, wenn er in sie drängte nach einem Erben für sein eigenes Land. Sie schien die Welt zu vergessen und fragte auch den Vater nicht mehr, wie es stehe in seinem Reich.

Zu Weihnacht weilte sie mit Gottfried und dem Sohn in le Mans. Meist war sie allein in jenen Tagen. Es war die Zeit der dreizehn Nächte, während denen kein Knecht um die zwölfte Stunde einen Stall betrat. Denn die Tiere, so hieß es, lernen sprechen um diese Zeit, loben und tadeln ihre Herren und werfen sich vor dem neugeborenen Christkind auf die Knie. Aber wehe, wenn ein Mensch dann den Stall betritt; er bleibt nicht heil vor ihren Hufen.

Methild nährte ihr Kind und trug ein zweites unter dem Herzen, sie ging zur Kirche, beschenkte die Armen – und weilte in Gedanken bei jener Weihnacht in Goslar, als Heinrich bangte für das Reich. Damals standen die verschneiten Tannen des Harzes vor ihrem Fenster – heute sah sie hinaus auf ein weites, hügeliges Land und Sterne, die im Südwind flackerten. Zwanzig Jahre waren vergangen seitdem, ein ganzes Leben lag begraben; und sie zählte doch erst zweiunddreißig Jahre ...

Indes erfreute sich Gottfried in der Heiligen Nacht mit Herren seines Landes beim Würfelspiel und französischen Wein. Durch die Dunkelheit der Stadt tönte ihr Singen bis gegen Mitternacht. Dann zog er mit seiner Schar zum Dom. Ein junger Mönch kam des Wegs, an der Kirchentür begegneten sie sich. Gottfried war liebenswürdig, auch noch im Rausch.

– Mönch, ruft er, wißt Ihr Neuigkeiten?

– Herr, die besten, antwortet der, die besten!

Mit drei Schritten ist Gottfried bei ihm und zieht an seinem Ärmel:
– Was? Erzähl schnell!
Der Mönch sieht zum Himmel und faltet die Hände:
– Uns ist Christus geboren worden heut nacht!
Gottfried bleibt der Mund offen. Langsam nimmt er den federngeschmückten Hut ab.
– Ich danke Euch, Mönch, sagte er kleinlaut, kommt mit mir in die Kirche!
Am nächsten Morgen wußte er noch, was geschehen, er ließ den Namen des Mönchs erkunden und erbat vom Bischof ein Amt für ihn.

Im folgenden Jahr 1134 kam ein zweiter Sohn des Grafen von Anjou zur Welt, auf normannischer Erde, zu Rouen, im Palast. Das Kind war dunkelhaarig und groß, die Mutter blutete schwer. Fieber war in ihr und eine Schwäche, die nichts mehr von Leben wissen wollte. Sie rief den Vater an ihr Lager und nahm seine Hände:
– Versprich, daß du Heinrich zu dir nimmst! In England soll er groß werden, bei dir.
– Stirb mir nicht! schrie König Heinrich, ich will, daß du lebst! Ich fluche allen Himmeln, ich fluche Gott und seinen Heiligen, wenn ich auch dich verliere!
– Sei ruhig, Vater, mein Sohn wird erfüllen, was ich nicht mehr konnte – für England –
Sein Gesicht wurde blau, er schlug den Kopf an den hölzernen Rand des Bettes, Schaum trat vor seinen Mund und die Augen quollen heraus:
– Ich gebe dich nicht her!
Methild hörte nicht.
– Begrabt mich im Kloster Bec, nicht in der Gruft zu Rouen. Bei den Zisterziensermönchen will ich liegen. Und auf meinem Stein soll stehen: Mathildis Imperatrix, mit dem Tag meines Todes – was schreiben wir heute? Sagt, was für ein Tag? – Der 22. Mai?...

121

Am 23. möchte ich sterben, wie Heinrich ... Nehmt die deutsche Chronik Ekkehards mit nach England, und meine Krone, und legt sie zur Hand des heiligen Jakob ... Alles andere laßt verteilen –

Sie redete irr und verfiel von Stunde zu Stunde. Starr und blau saß der Vater an ihrem Bett in der lautlosen Stille des Palastes zu Rouen, unter den Schilden der Normannenfürsten. Zuweilen, wenn eine Tür ging, hörte man fern das Schreien des Neugeborenen.

Man zündete Kerzen an in dieser Nacht vor dem 23. Mai, Frauen beteten in der Kapelle und stöhnend ging König Heinrich auf und ab, auf und ab. Der Schweiß verklebte ihr die gelben Haare, das Gesicht war kalt und weiß – ob das Herz noch schlug, hörte man nicht, selbst der kundige Mönch nicht, der gekommen war in höchster Not, vom Berg des Erzengels Michael ...

Um diese Mitternacht fiel das Fieber. Gegen Morgen atmete sie ruhig, das Herz schlug deutlich gegen die weiße Haut ihres Gelenkes.

– Herr König, meldete der Mönch –

Heinrich fuhr auf, wie ein rasender Löwe sah er ihn an ...

– Sie ist gerettet!

Heinrichs schwerer Körper fiel in die Knie, auf den marmornen Fliesen schlug er auf, seine Hände hielten den eigenen Kopf, und aus den alten Augen, über die rotblauen Wangen, tropften schwere, dicke, langsame Tränen.

DAS FÜNFUNDDREISSIGSTE JAHR

Es war ein Wendepunkt in Methilds Leben, jenes dreiunddreißigste Jahr, da sie dem Tod entrann. Als Gottfried die Wiedergenesene begrüßte:

– Ich habe den Kleinen inzwischen taufen lassen, Gottfried heißt
er – man konnte ja nicht wissen ...
Da ergänzte sie ruhig:
– ... ob ich sterbe. Es ist gut, auch ich hätte den Namen gewählt.
Sie war kräftig und gesund, die Augen träumten nicht mehr, sie
fragte Gottfried nach dem Stand der Grafschaft, besprach sich mit
den Herren der Normandie, wußte um die englischen Geschäfte
und reiste, sobald der kleine Gottfried entwöhnt war, von Angers
nach Maine, nach Bayeux, nach Caen und Rouen. Ihr Vater blieb
über den Sommer am Festland, Methild traf ihn zu Lisieux. Lange
Tage besprach sie sich mit ihm. Sie hätte gesehen, daß die Normannen ihr fremd begegneten, als der Frau des feindlichen Anjou, nicht
der Tochter des Königs. Aus England sei sie seit fünf Jahren ent-
fernt, und vorher nur ungern willkommen geheißen. Wenn ihr Vater sterbe, was Gott verhüten möge, besitze sie nichts, keinen einzigen festen Platz, keine Mannen, keine Stadt.
– Als Eroberer müßte ich auftreten, nicht als Besitzerin, sagte sie.
Stephan hingegen hat Boulogne in Händen und wirbt unter der
Hand für sich selbst als künftiger Herr der Normandie. Ich traue
ihm nicht, Vater!
– Du kennst ihn zu wenig, meinte König Heinrich. Er liebt unser
Land und liebt mich zu sehr, als daß er gegen meinen Willen han-
deln könnte. Außerdem hat er dir als erster geschworen –
– Ich traue ihm dennoch nicht!
– Du verkennst unsere Barone, Maud, du bist –
– Eine Deutsche geworden, ich weiß!
König Heinrich schüttelte begütigend den Kopf:
– Ich habe dich nicht kränken wollen. Ich sehe gut, daß du viel
gelernt hast in Deutschland. Aber die Leute sind dort anders als bei
uns.
Methild hatte viele Schwüre gehört in ihrem kurzen, langen Le-
ben; Methild hatte noch mehr Eidbruch gesehen, Lüge und Verrat.
Sie glaubte an die Barone von England sowenig, wie Kaiser Hein-
rich an die Unwandelbarkeit seiner Fürsten geglaubt. Nicht müde

wurde sie, den Vater zu bewegen, ihr die wichtigsten Burgen zu überlassen.

– Damit sich der Anjou in meinen Ländern festsetzt, noch ehe ich die Augen schließe, grollte König Heinrich.

Sie schüttelte den Kopf:

– Wie könnt Ihr mich so mißverstehen?

– Es bleibt dabei. Noch lebe ich! sagte er, und es war sein letztes Wort.

Es blieb das letzte, das er in diesem Leben zu seiner Tochter sprach.

Sie reiste ab. Nach Anjou.

In diesem selben Herbst aß König Heinrich auf einer Jagd Fische aus dem Wasser der Seine und erkrankte davon. Robert von Gloucester erkannte, daß es zu Ende ging, er fragte, ob die Kaiserin kommen solle. Heinrich antwortete nicht mehr. Mit dem letzten Atem flüsterte er dem Sohne zu, daß er Maud, die Tochter, segne, alle Länder ihr vermache, noch einmal, im Angesicht des Todes, alle Länder diesseits und jenseits der See. Ihr allein, nicht Gottfried von Anjou, der ihn gekränkt, wo er gekonnt.

Der Graf von Warenne, Robert von Leicester, Waleram von Meulan und Rotro von Mortagne hörten seinen letzten Willen.

Am 1. Dezember 1135 war Kaiserin Mathildis nach Recht und Gesetz Herrin von England und der Normandie.

Vom Totenbett des Königs jagte Robert von Gloucester einen Boten in die Nacht:

»Herrin und Königin! Dein Vater ist in Gott gestorben, zu dieser Stunde. Sein letztes Wort galt Euch als Erbin. Sichert Euch in der Normandie, denn die Barone wollen binnen fünf Tagen zur Wahl eines Herzogs schreiten. Die Mehrzahl ist für Stephans Bruder. Ich segle nach England, um dort für Euch am Platz zu sein. Seid versichert meiner Treue.«

Fünf Tage nach des Vaters Tod ritt Methild mit wenigen Mannen über die Grenze der Normandie. Vicomte Algaso empfing sie als

Herrin und lieferte ihr seine Burgen aus: Domfort, Argenteuil, Exmes und Ambrieres – dieselben, die sie als Sicherung von ihrem Vater erbeten.

Gottfried folgte eine Woche danach mit einer Heerschar aus Anjou und Maine. Die Burgen Wilhelm Talvas' öffneten den neuen Herren die Tore. Aber Gottfrieds Mannen waren ausgezogen, als gelte es Beute, nicht Erbschaft. Sie raubten Silber aus den Kirchen, bestahlen die Bauern, vergewaltigten ihre Weiber und brannten nieder, was ihnen widerstand. Die Normannen griffen zur Wehr. Mit Äxten zogen sie aus, das Blut der alten Eroberer erwachte, grausam vergalten sie dem Anjou. Während er das Erbland seiner Frau gewinnen wollte, brach Aufstand los in seinem Rücken. Ohne Erfolg mußte er die Normandie räumen.

Methild nur blieb dort zurück, um die wenigen Burgen zu halten, die ihr übergeben worden. Und Gottfried sollte wiederkehren.

Aber da kam zu Anfang des neuen Jahres 1137 – sie weilte auf Schloß Domfort – ein Bote fliegenden Atems aus England:

– Graf Gloucester sendet mich. Er läßt sagen, Herzog Stephan von Mortain ist zu Dover gelandet ... London öffnete ihm die Tore. Er bestach die Bürger, ihn als Herrn anzuerkennen ... Zu Winchester übergab Bischof Heinrich, sein Bruder, ihm den Königsschatz – und in der letzten Woche –

Er stockte. Angstvoll sah er nach der Kaiserin.

– Ja – in der letzten Woche, drängte Methild.

– ... hat der Primas der englischen Kirche Stephan zum König von England geweiht!

– Und der Schwur? Der Schwur? fragt sie mit tonloser Stimme.

– Stephan von Mortain hat im Meineid ausgesagt, König Heinrich habe auf seinem Totenbett alle Barone des Treueids für Euch, Frau Kaiserin, entbunden.

Methild blickt vor sich hin. Es wagt keiner im Saal zu atmen. Langsam erhebt sie sich:

– Ich werde um England kämpfen, was immer es gilt! Wilhelm von Nevers und Ihr, Gottfried von Vendome, sammelt Eure Mannen. Ich sende nach Graf Gottfried von Anjou. Die Normandie muß gewonnen werden, ehe wir nach England ziehen! Wegen des meineidigen Erzbischofs von Canterbury, der den Verräter gesalbt hat, sende ich Protest zum Papst!

Die Männer starren sie an –. Woher hat ein Weib solche Kraft?

Mit vorsichtigen Schritten geht sie zur Tür – Methild ist schwanger mit dem dritten Kind, das der Anjou von ihr gewollt. Im August, als Gottfrieds Heer gegen die Normannen zieht, gebiert sie den Knaben und läßt ihn Wilhelm taufen – nach dem Eroberer von England.

Gottfried von Anjou hatte kein Glück als Feldherr. Die Normannen äscherten unhaltbare Plätze vor ihm ein, und vergeblich belagerte er Le Sap. Die Burg hielt sich heldenhaft, aus allen Gauen rückte Entsatz heran, aus Hinterhalt, von Flüssen und Bergen aus, mit Äxten, Speeren, Pfeilen, wild und grausam kämpften die Normannen. Gottfrieds Heer war zuchtlos, er selbst begann zu erlahmen. Da zerriß ein Pfeil ihm die Sehnen des Fußes vor Le Sap, in der dritten Woche des September.

Am Abend, als Gottfried schwer verwundet im Zelte lag und seinen Abzug beriet, ertönte Geschrei aus der Ferne. In einer Wolke von Staub wälzten sich Reiter heran – Gottfried schien verloren. Aber sie hielten weiße Fahnen und waren geführt von einer Frau. Methild kam zum Entsatz ihres Gemahls, waffenlos, auf schwarzem Hengst, in schwarzem Wams, mit tausend Streitern, die sie selbst gewonnen.

– Die Kaiserin! rief es in Gottfrieds Lager, schwoll an und brauste bis zu ihm ins Zelt.

Er will sich erheben, fällt seufzend zurück. Die Leinwand hebt sich, sein Weib steht vor ihm, den immer noch schmalen Körper gestreckt, ohne Schmuck, ohne Wehr, zwei glänzende Augen unter blinkendem Helm.

Gottfried hebt den schönen Kopf und starrt sie an ... dann küßt er ihre Rechte mit dem blaugoldenen Ring.

– Kaiserin! sagt auch er, ganz leise und sie lächelt.

126

Aber ihre Hilfe kam zu spät. Gottfrieds Heer war vertrunken und verseucht, aufgerieben durch die Wut der Normannen. Methilds Streiter deckten nur mehr den Abzug der Anjous. Auch die Normandie war verloren.

Zu Michaeli 1136, als Methild in ihrem fünfunddreißigsten Jahr stand, besaß sie nichts als den Titel einer gewesenen Herrlichkeit und den geraubten Thron von England. Als Gräfin von Anjou saß sie auf dem schwarzen Felsen von Angers und besann sich auf alles, was sie von Heinrich gelernt.

Zu dieser Zeit trug Heinrich, der fünfjährige Erbe, mit breiten kleinen Fäusten sein erstes Schwert durch den Blumengarten des Burghofs. Er kommandierte Gottfried, den Jüngeren, der noch unbeholfen auf dicken Beinen ihm folgte.

Gottfried stolperte, zerschlug sich das Knie an einem Stein und lag brüllend im Gras. Die Mutter nahm ihn hoch und sprach über der kleinen Wunde:

> Ein Hirsch geht auf der Heide
> Nach seiner grünen Weide,
> Verrückt sein Bein
> An einem Stein.
> Da kommt Herr Jesus
> Und schmiert's ihm ein,
> Schmiert's ihm ein mit Schmalz und Schmer –
> Jetzt geht's wieder hin und her!

Gottfried wurde still. Dafür krähte der Jüngste, Wilhelm, pausbackig und rothaarig im Arm seiner Wärterin.

– Gottfried und Wilhelm sind keine guten Soldaten, ich gehe mit dir allein nach England, sagte Heinrich mit seiner festen, kleinen Stimme und hielt das Schwert in die Luft.

– Ja, wir gehen zusammen nach England. Ich verspreche es dir!
sagte Methild.
Sie strich zwei Locken aus seiner Stirn und sah ihm lange in die
Augen.

STEPHANS GERAUBTE KRONE

Wieder steht Rom in Methilds Schicksal.

Indes sie zum Papst Beschwerde sendet, daß der Primas der englischen Kirche einen Meineidigen gekrönt, reiten auch Stephans Boten – und die Gesandten des Königs von Frankreich für ihn.

Innozenz beruft ein Konzil.

Angeklagt ist Stephan des Meineids und Raubes der Königskro-
ne.

Beschuldigt wird Kaiserin Mathildis, den Treueid erzwungen zu
haben, enterbt zu sein. Überdies sei Stephan bereits durch den Legaten der römischen Kirche gesalbt.

Methilds Gesandter widerlegt: Mathildis sei in Rom zur Kaiserin
gekrönt, habe den feierlichen Eid aller Barone empfangen, sei vom
Vater noch auf dem Sterbebett als Erbin genannt ...

Bevor er zu Ende kommt, hebt der Papst die Versammlung auf.
Er werde in dieser Sache nicht entscheiden, überhaupt nicht.

In einem vertraulichen Schreiben nur bestätigt er Stephan als
»Schützer der Gerechtigkeit« seine Krone.

Stephan, der Günstling des französischen Königs, hatte zu Rom
über die deutsche Kaiserin gesiegt.

Daraufhin, um Ostern 1136, proklamierte er sich selbst zu London:

»Ich, Stephan, von Gottes Gnaden unter Zustimmung des Klerus und des Volkes zum König der Engländer erwählt und von Wilhelm, dem Erzbischof von Canterbury und Legaten der heiligen römischen Kirche, geweiht, von Innozenz, dem Bischof des heiligen römischen Stuhles, nachträglich bestätigt ...«

Zögernd, einzeln, in Form von kündbaren Verträgen, geben die Barone ihre Zustimmung. Die Geistlichkeit erklärt, ihm die Treue zu halten »solange er die Freiheit der Kirche und ihre Satzungen anerkenne«.

Der Kirche gibt Stephan alle Besitzungen zurück, die sie seit Wilhelm dem Eroberer erhalten; – Gericht und Lehensgewalt und Verteilung der geistlichen Güter übergibt er den Händen der Bischöfe. – Wenn er hielt, was er versprochen, war die Herrschaft der englischen Krone über den Klerus aufgehoben.

Als letzter, sehnlich Erwarteter, Gerufener, Gebetener, erschien Robert von Gloucester, der mächtigste der Barone, am Hofe. Er leistete Lehenseid – aber die Bedingungen, die er daran knüpfte, waren so schlau und abgewogen, daß ihre Erfüllung Unmöglichkeit bedeutete.

Stephan war am Ziel. Er hatte den Lehenseid, er hatte den Schatz, die Krone, die Weihe und die Gnade von Rom.

Doch war er nur für die Londoner Bürger König; für die Barone ein Herr auf Kündigung, für die Kirche König auf Bewährungszeit – und für die rechtmäßige Erbin ein Verräter.

Unbeirrt fühlte Methild sich als Königin. Über den Kanal, hin und her, gingen ihre Boten und Freunde; sie warb um den schottischen Onkel, König David – der allerdings die blutige Standartenschlacht gegen die Engländer verlor –; sie reizte Gottfried zu Einfällen in die Normandie, nahm jeden huldvoll auf, der, von Stephan verärgert, auf ihre Seite trat; und in England schürte, langsam und unbeugbar, Robert von Gloucester den Aufruhr für die Schwester. Mit allem, was sie in Deutschland gelernt, kämpfte Methild gegen den Rebellen.

Indes erzog sie im Lande Anjou Heinrich den Erben bis zu seinem siebenten Jahr. Und wartete.

Stephan hatte das Volk von England gewonnen, weil es von dem männlichen König Tatkraft erhoffte. Aber Jahr um Jahr verging – und jeder tat, was in seinen Augen recht erschien. Jeder normannische Herr baute Raubschlösser, füllte sie mit gottlosem Kriegsvolk – und verteidigte sie – selbst gegen den König. Wer Besitztum hatte, war bedroht, bei Tag und Nacht kamen Söldner des Wegs, erpreßten alles Gold und Silber, folterten Frauen und setzten Männer gefangen.

Getreide, Butter und Käse waren teuer, denn die Erde trug wenig und das Vieh verkam. Die Angelsachsen standen auf gegen die Normannen, die Briten von Wales fielen plündernd in die Grenzlande ein. Das Volk klagte laut, daß Christus und seine Heiligen schliefen.

König Stephan gab mit vollen Händen: Lehen, Bischofswürden, Grafentitel, Krongüter – immer war es noch zu wenig. Mochte alles zugrunde gehen – »bei der Geburt des Herrn! Niemals soll man mich einen gestürzten König heißen!« war sein Spruch. – An kurzsichtige Ratgeber gebunden, unfrei durch den Fluch seines Treubruchs, verscherzte er sich nach zweijährigem Königtum auch die Hilfe des Klerus.

»Euer irdisches Leben wird mit Schmach bedeckt«, schrieben englische Bischöfe im Sommer 1138 an Robert von Gloucester, »die ewige Seligkeit wird Euch verschlossen bleiben, wenn Ihr den Eid nicht achtet, den Ihr Euerm Vater geleistet!«

Im Sommer 1139 steht Robert vor Methild zu Angers:

– Ich habe ein Schreiben des Papstes. Er hat sich für Euch erklärt und ermahnt mich, meinem Eid zu gehorchen. Nun ist es Zeit für uns!

Methild setzt das Kind neben sich auf den Boden und tritt vor den Bruder:

– Glaubst du, sagt sie langsam, daß ich Königin sein will von des Papstes Gnaden?

– Nein, sagt er, aber wenn der Klerus hinter Euch steht, ist unsere Sache gewonnen. Auch der Papst ist Englands Freund – wenn er sich für die rechtmäßige Herrin erklärt.

In dem hohen getäfelten Gemach, zwischen den Schilden der Anjou mit den goldenen Leoparden, saßen Gloucester und Methild, die beiden Königskinder, und maßen sich.

Ruhig, in unbewegter Haltung, mit gekreuzten Beinen und klaren, grauen Augen, Gloucester, der englische Herr; mit flackernden Augen und zitternden Lippen Methild, die deutsche Kaiserin.

Schräg fiel die Sonne durchs Fenster. Draußen sangen müde Vögel, ein sanfter, warmer Wind strich durchs Gemach. Leise plätscherte der Fluß um den schwarzen Felsen von Angers. Immer noch schwieg die Frau.

Da hob Heinrich von Anjou sein sommersprossiges Kindergesicht:

– Mutter, nimmt Robert uns mit nach England?

Plötzlich, mit einer wilden Geste, riß Methild den Knaben an sich:

– Ja, sagte sie, er geht mit uns nach England. Erst mit mir, dann mit dir!

Gloucester stellte das gekreuzte Bein auf den Boden und faltete den Brief des Papstes:

– Herrin, sagte er ruhig, ich danke Euch, daß Ihr entschieden habt. Wann darf ich mich bereit halten, die Kaiserin nach England zu geleiten?

– Zu Michaeli des Jahres. Auch Wilhelm der Eroberer betrat den englischen Boden in der Nacht zum Fest des Erzengels Michael.

– Ich werde bereit sein! Zu sagen habe ich noch, daß in ganz England, in Frankreich und Deutschland, ja sogar bei den gelehrten Mönchen vom Mont Saint Michel und in Chartres die Prophetie Merlins von Mund zu Mund geht. Sie wird zu Euern Gunsten gedeutet. Aus dem Streit mit Stephan werde das Heil Britanniens erwachsen, und Prinz Heinrich, Euer Sohn, sei der junge Löwe, der einst Englands Ruhm über die Grenzen tragen wird – zu beiden Seiten des Meeres ...

Der Knabe stand mit gestrafftem Körper vor der Mutter, sie hielt seinen Kopf in beiden Händen und sah zum Fenster hinaus – dorthin, wo eine rotgoldene Sonne im Westen unterging ...– Heinrich, sagte sie mit klarer Stimme, gib Robert die Hand und sage ihm Dank!

Er streckte dem Mann die kleine Hand entgegen, und Graf Gloucester neigte sein Haupt wie vor einem König.

LANDUNG UM MICHAELI

König Stephan verbringt Sommer und Herbst des Jahres 1139 damit, die Burgen aufständischer Barone zu belagern. Ende September liegt er mit einem Heer vor Warham. Sein Bruder, Bischof Heinrich von Winchester, der päpstlicher Legat für England geworden, erscheint eines Tages im Lager und verlangt Rücksprache.

– Ich weiß nicht, sagt er bedächtig und bläst Staub von seinem Gewand, das halb kriegerisch und halb bischöflich ist, ob du nicht besser tätest, mit der Kaiserin zu verhandeln.

Stephan fährt herum:

– Kaiserin? Verhandeln? Du scheinst den Verstand verloren zu haben!

– Wenn ich ihn an meinen Bruder verloren hätte, könnte das nicht schaden, sagt Heinrich gelangweilt, denn Stephan, den wir zum König von England gemacht haben, besitzt nicht viel von diesem Stoff ... Deshalb muß er jede Burg eines jeden Widerspenstigen belagern ... Beruhige dich – ich komme gleich auf anderes zu sprechen. Also – die Kaiserin – meinetwillen die Gräfin von Anjou – wird das Land teilweise hinter sich haben, wenn sie durch England zieht –

Stephan ballt die Fäuste:

– Sie wird nicht durch England ziehen! Seit vierzehn Tagen lasse

132

ich sämtliche Häfen bewachen. Außerdem wütet der Sturm, wie du weißt –. Es ist ausgeschlossen, daß sie landet!

– So ... Wenn du davon überzeugt bist, beweist es nur, daß auch dein Botendienst genau so schlecht ist wie manches in deiner Verwaltung. Ich, der Bischof, werde dir also sagen müssen, daß die Gräfin von Anjou mit Robert von Gloucester bereits gelandet ist!

– Laß deine Scherze –

Wilhelm von Winchester zuckt die Achseln:

– Wenn du es von anderen lieber hören willst – kann ich gehen –

Stephan packt den Bruder am Arm:

– Also wahr?

– Natürlich! ... Deine Hafenbewachung hat überhaupt nichts gesehen, und der Sturm verzögerte die Überfahrt genau um vierundzwanzig Stunden – einen Tag nach Michaeli kam sie an. Ich sage dir, man sollte verhandeln mit dieser Frau – denn wenn ich auch zweifle, daß Weiber menschliche Seelen haben – obwohl manche der Konzilien es bejahen –

– Predige deinen Schafen ... Ich muß den Wolf vor meinem Stall verjagen!

Noch ehe der Knappe des Bischofs dessen Mantel brachte, blies es Alarm im Lager des Königs.

Im befestigten Schloß Arundel war Methild zurückgeblieben; Robert eilte mit zwölf Rittern nach Bristol, seinem Stützpunkt, um Verstärkung zu holen.

König Stephan zieht Robert nach, verliert seine Spur, kehrt nach Arundel um und belagert die Kaiserin. Sein Bruder jedoch behauptet, diese Belagerung bringe weder ihm noch dem Reiche Gewinn; während er hier die Gräfin festhalte, werde sich ihr Halbbruder an einem anderen Orte erheben; er solle sie selbst Gloucester nachsenden, um dann beide auf einmal zu schlagen ... Heinrich von Winchester hatte sich bereits in aller Stille – auf alle Fälle – mit Gloucester besprochen, und Stephan ließ sich täuschen. Anstatt den Wolf am Eingang des Schafstalls zu verjagen, öffnet er selbst die Tür.

Die Kaiserin nimmt den Waffenstillstand an, auf der Brücke der Burg kommen sie sich entgegen – Stephan in voller Rüstung, Methild mit purpurnem Mantel über goldgesticktem Kleid –. Nie hat der König solch feines Tuch gesehen. Das Haar schimmert in der Farbe des herbstlichen Laubes über hellem Antlitz im Schnitt der Normannen. Die reichen Falten des Gewandes decken die seidenen Schuhe nur halb.

Sie reicht die Hand – Stephan beugt den Kopf über dem blaugoldenen Ring. Sie ist Königin, vom Nacken bis zur Sohle, er sieht es wohl; – aber sie ist auch ein Weib, Stephan versteht sich darauf.

– Frau Gräfin, sagt er, ich verpflichte mein königliches Wort, daß Ihr in Ruhe und unter Geleit nach Bristol kommt!

Methilds leise Stimme ist noch leiser als sonst:

– Die Gräfin von Anjou nimmt die Waffenruhe an – Stephan von Mortain –

Er kräuselt die Lippen:

– Frau Gräfin und Muhme, es ist sehr schade, daß wir uns so gegenüberstehen müssen ...

Was sagt wohl das Lächeln auf ihrem Gesicht? Sie hätte mich heiraten sollen, statt den Anjou ... denkt Stephan.

Robert von Gloucester bahnt sich unterdes den Weg nach Wallingford, wo Brian Fitz Count mit seinen Mannen auf ihn wartet. Dann reiten sie beide gegen Bristol, um Entsatz zu holen.

– Sie ist also in England – endlich, sagt Brian. Wann können wir losschlagen?

– Sowie Arundel entsetzt ist.

– Sagt – ist sie immer noch schön?

– Ich glaube, das tut nichts zur Sache, Graf Brian – da sie unsere Königin ist!

– Natürlich nicht – ich meinte bloß –. Wird sie ohne Ungemach sich halten können, bis wir vor Arundel rücken?

– Ich glaube sicher, sie hat einhundertdreißig Mann von mir und einige Dutzend in Arundel selbst. Das Schloß kann sich durch Wochen gegen Stephan verteidigen, und in einer Woche sind wir bei ihr ...

Sie ritten durch blühende Heide, Wiese und Wald gegen Bristol. Es war der achte Tag, seit Robert Arundel verlassen. In der Dämmerung stutzt er, hält an:

– Seht Ihr den Trupp dort rechts, hinter den Büschen, Brian?

Der zieht die Stirn zusammen und blinzelt gegen Westen. Er hat Augen wie ein Falke:

– Ja, sagt er. Es ist ein Kleriker dabei und ein Weib.

– Ha, lacht Robert, es ist Heinrich von Winchester, der Legat – auf galantem Abenteuer? Er versprach mir doch, Stephan beizubringen, daß ...

– Bischof! ruft er laut, dann sprengt er der Schar entgegen.

Das Weib im Frauensitz mit dem weißen Tuch um Kopf und Schultern, an der rechten Seite des Legaten, ist Methild.

– Ihr? ruft Gloucester und zeigt, was beinahe niemals geschah, Erstaunen.

– Ich! antwortet Methild. Stephan von Mortain hat mir freies Geleit bis Bristol versprochen; wenn du mit uns reitest, was ich hoffe, bist auch du unter dem Schutz des Legaten – nicht wahr, Herr Bischof?

Heinrich von Winchester beeilt sich, zu bejahen.

Brian hat Mühe, sein Roß zu bändigen. Es schlägt dreimal herum, auf den Hinterbeinen stehend.

– Es ist noch sehr jung ... entschuldigt er.

– Ich freue mich, sagt die Kaiserin, daß Ihr auf Wallingford noch Pferde züchtet. In den letzten Jahren dachte ich, es gebe nur mehr Schafe in England zu hüten ...

– Freilich, erwidert Brian, denn es hieß in England, daß eine gewisse Königin in Anjou Hirtin geworden sei –

– Kaiserin, immer noch! verbessert sie.

Robert dreht sich mißbilligend zu beiden.

Des Legaten langes, schmales Gesicht liegt in senkrechten Falten unbewegt – man weiß nicht, ob er hört ...

– Sagt mir lieber, wann wir nach Bristol kommen, biegt Methild ab.

Zwei Wochen, nachdem die Kaiserin in England gelandet, ist sie dort, wo sie sein wollte mit des Feinde Hilfe!

Von Bristol aus ergeht das Signal an alle Barone. Eine weitverzweigte Verschwörung, durch Jahre vorbereitet, von Versprechungen und Bitten genährt, kommt zum Ausbruch. Als erster schlägt Brian los. Stephan belagert Wallingford, aber die Barone erklären ihrem König, die Burg sei uneinnehmbar, und jeden Augenblick drohe in seinem Rücken Gefahr. Er zog weiter gegen Trowbridge, aber auch hier hintertrieben die eigenen Leute sein Vorgehen – bis er sich schließlich nach London zurückzog, die Stadt, auf die er baute.

Siegreich und plündernd streiften die Anhänger Methilds durchs Land – die »Kaiserlichen« nannten sie sich, nach des deutschen Heinrich Kaisertitel ... Schon verschlechterte sich des Königs Kasse, der Edelgehalt der Münzen sank, in ganz England standen Abteien ganz offen zum Verkauf, und eines Tages wanderte alles Gold und Silber, das unter dem Altar der Stiftskirche von Salisbury versteckt lag, in den Königsschatz.

Nun wagte allmählich der Klerus, zugunsten der Kaiserin hervorzutreten. Bischof Nigel von Eli zog den Harnisch an und schürte Aufruhr in seinem Bistum, Heinrich von Winchester bemühte sich um Ausgleich zwischen König und Kaiserin. Noch zauderte Stephan. Und noch vermied Robert von Gloucester offene Schlacht.

Methild residierte in Bristol, dann in Gloucester. Unbarmherzig verlangte sie Unterwerfung und Lehenseid, Widersetzliche ließ sie foltern. Die Städte waren »erfüllt vom Wehgeschrei der Gequälten«.

– Ihr solltet vielleicht nicht zu hart sein, riet Milo Fitz Walter, der oberste Richter von Gloucester, der die Kaiserin beschützt wie ein Vater und ihre Kasse aus eigenen Schätzen füllt.

Methild warf den Kopf in den Nacken und biß die Zähne aufeinander:

– Es gibt kein Zurück mehr! Mit Gewalt will ich sie zwingen!

– Habt Ihr das in Deutschland gelernt – bei Kaiser Heinrich?

Methild sah ihn aus schmalen Augen an, und eine Welle von Blut überströmte ihre Wangen:

– Milo, wenn Ihr noch einmal diesen Namen sprecht, habe ich nichts mehr mit Euch zu schaffen!

– Vergebt, Herrin, sagte Milo ruhig. Aber er ging ihr für den Rest des Tages aus den Augen.

Der Glanz der geraubten Krone erblich. »Schon waren die festlichen Hoftage und die Herrlichkeit des königlichen Diadems gänzlich verschwunden, der ungeheure Schatz vergeudet, nirgends im Reich herrschte Frieden; alles lag verwüstet von Mord, Raub und Brand«, meldet der Chronist, und er weiß nicht einmal zu sagen, wo König Stephan das Weihnachtsfest dieses Jahres 1140 begangen hat. Nicht ein geistlicher Würdenträger war mehr an seinem Hof, die Spannung zwischen Stephan und Heinrich von Winchester, dem königlichen und päpstlichen Bruder, war zum vollständigen Bruch gediehen.

Überall, wohin Stephan kam, verfing er sich in den Fesseln seines eigenen Verrates.

Gloucester sah, wie der König sich selbst besiegte. Er wartete zu und zügelte die Ungeduld der Kaiserin, die nach sechsjährigem Warten aufbrach wie ein Wasserfall im Gebirg, wenn das Eis des Winters taut.

EIN RÄCHER FÜR GOTT UND DIE SCHWESTER!

Anfang Dezember 1141 besuchte König Stephan mit seiner Gemahlin den Grafen von Chester in Lincoln und empfing dort Prinz Heinrich von Schottland. Chester war ein weitum begüterter Mann,

137

der auch in Schottland Besitzungen geerbt. Aus nichtigem Grund, um dieser Erbschaft willen, bekam er Streit mit Prinz Heinrich, und als der König sich auf des Schotten Seite stellte, ging Ranulf von Chester ohne viel Aufhebens zur Kaiserin über. Nach des Königs Abreise bemächtigte er sich der Lincolner Königsburg. Stephan zog wutentbrannt mit einem Heer heran – indessen schworen Chesters Boten der Kaiserin »ewige Treue« und erbaten ihre Hilfe.

Die Zeit zu endlichem Waffensieg schien Robert von Gloucester gekommen. Er sammelte sein Heer – es waren Männer, die durch Stephans Schwäche um Hab und Gut gekommen, Männer mit dem Mut der Verzweiflung. Auf dem Wege von Bristol nach Lincoln strömten ihm Tausende zu, Bürger, Bauern, Ritter; die Briten von Wales standen auf, die immer kaiserlich gewesen, weil unter ihnen die Sage ging, daß König Artus einst Mathildis den Sieg prophezeit ... Es war ein buntes, fanatisches Heer, das unter Gloucesters Ruf »Rache für Gott und die Kaiserin« Stephans wankelmütigen Baronen entgegenzog.

Der König nannte die Kaiserlichen schwächliche Knaben, Diener eines Weibes, die nichts Ernstliches wagen würden. Aber während seiner Ansprache vor versammeltem Heer versagte ihm die Stimme; einer der Barone mußte die Rede zu Ende halten, und als die Messe gelesen wurde, fiel die geweihte Hostie aus den Händen des Priesters und zerbrach ... Am Fest der Lichtmeß Mariä, am 2. Februar, dürfe kein Menschenblut vergossen werden, meinten die Herren düster. Es waren bereits Verräter unter ihnen.

Inzwischen bereitete Robert den Angriff vor.
– Wir kämpfen gegen einen König, der, eidvergessen, sich die Krone angemaßt, sprach er vor Tagesanbruch zu den Seinen. Stephan hat die rechtmäßige Erbin, die Kaiserin, vertrieben, Verwirrung über England gebracht und Tausenden den Tod bereitet. Hier in dem sumpfigen Gelände ist keine Möglichkeit zu fliehen. Hier wird die Entscheidung über Englands Zukunft fallen, hier bin auch

ich entschlossen zu sterben oder zu siegen. Im Heer unserer Gegner sind Meineidige, Ränkeschmiede, Maulhelden und Briganten. Sie kämpfen für Stephan, der uns erniedrigt – wir aber für die Kaiserin, die Erbin König Heinrichs, die uns erhoben hat. Wenn ihr denkt wie ich, so erhebt zur Vollstreckung dieses Gottesurteils die Rechte zum Himmel und gelobet Kampf bis zum Tod!

Sie schwuren mit erhobener Rechten, die Normannen, Angelsachsen und Walliser. Dann, als der 2. Februar trüb und nebelig heraufzog, gingen sie zum Angriff.

Schwimmend, in voller Rüstung, führte Robert das Heer durch den hochangeschwollenen Fluß. Es war das Äußerste, was ein Heerführer wagen konnte, und es gelang. Die Überraschung bei den Königlichen war so groß, daß Stephans Vortrupp mit erhobenen Armen floh. Ein Hagel von Wurfspeeren aus dem Zentrum der Königlichen schwirrte durch die Luft, aber ruhig und unerbitterlich drangen die Kaiserlichen vor, mit dem Schwert den Weg sich bahnend. Die Königlichen hielten nicht stand, Verrat hatte vorgearbeitet, sie teilten sich und wurden mit Geschrei umzingelt. Sechs königliche Grafen retteten ihr Leben durch eilige Flucht. Nur von Fußtruppen und wenigen Getreuen umgeben, stand Stephan auf seinem Platz und kämpfte »wütend und schäumend wie ein Löwe«. Zu Fuß und zu Roß dringen die Kaiserlichen auf ihn ein, schon gellt ihr Siegesgeschrei durch den grauen Tag. Aber der König schlägt zu Boden, was sich ihm naht, bis das Schwert zerbricht. Ein Bürger aus Lincoln reicht ihm die Axt, die Waffe der Normannen. In wildem Haß stürzt Ranulf von Chester vor, auf seinem Helm zerbricht auch die Axt. Wehrlos steht Stephan, und einen Augenblick lang halten die Feinde inne. Dann fällt ein Stein, aus nächster Nähe geschleudert, vor den Kopf des Königs. Er stürzt und erhebt sich nicht mehr.

Ein Kaiserlicher nimmt ihn beim Helm: »Hierher! Hierher! Ich habe den König!« – Aber Stephans Faust schüttelt ihn ab.

Nun bahnt sich Robert von Gloucester den Weg durch die Wütenden, hoch und schmal, in steinerner Ruhe, tritt er vor den Liegenden. Langsam senkt er das Visier.

– Gott hat Schmach über mich verhängt, keucht Stephan. Aber schwere Schuld trifft jene, die mir Eid und Treue schmählich gebrochen –

– Schuld trifft alle, die Eid und Treue brechen, Stephan von Mortain! sagt Gloucester, Wort für Wort betonend.

Stephan senkt das matte Haupt:

– Dir, als König Heinrichs Sohn, übergebe ich mein Schwert.

Mühsam erhebt er sich halb, ergreift die beiden Teile der zerbrochenen Klinge und legt sie in Roberts Hand. Stephan, der König, ist gefangen.

Furchtbar wurde das Schicksal von Lincoln. In überfüllten Kähnen, an die sich Ertrinkende klammerten, flohen die Bürger. Hunderte ertranken, die anderen verkrochen sich in der Dunkelheit. In wildem Haß, brennende Fackeln in den Händen, plünderten die Kaiserlichen und machten im Rausch ihres Sieges nieder, was im Wege stand. Robert zog mit dem königlichen Gefangenen, den er schonte, um der Krone von England willen, die er auf seinem Haupt getragen, nach Gloucester vor die Kaiserin.

– Stephan von Mortain, sagt sie, und ihre Augen glitzern, wißt Ihr nun, wer Erbe von England ist?

Stephan, größer in seinem Unglück als in den Tagen der Macht, mit blutigem Schorf auf Stirn und Wangen, antwortet hohl:

– Ich weiß, daß Gott mir Unglück gesandt hat!

– Sonst wißt Ihr nichts? fragt sie, und ihre Hände zucken.

– Sonst nichts! sagt er fest.

Methild lachte. Es war ein fürchterliches, erbarmungsloses Lachen, voll unerhörter Leidenschaft. Die Männer schwiegen und Gloucester, der Sieger von Lincoln, wandte sich ab.

Als Methild den König entlassen, gab Robert Befehl, daß er im Turm zu Bristol ehrenvoll behandelt werde, ohne den Schimpf von Fesseln.

Der Eindruck des Sieges war überwältigend. Der ganze Westen, Wales und Cornwall, befanden sich in der Hand der Kaiserlichen, der Norden bis Nottingham und Lincoln, nach Osten Bedford und Reading. Eben übergab sich im Zentrum das feste Oxford. Offen trat der Klerus zur Kaiserin über. Nur London blieb noch königstreu und Kent, wohin sich Stephans Gemahlin geflüchtet.

Die letzte Entscheidung lag in der Hand des Legaten Heinrich von Winchester; denn er hatte die Krönungsinsignien. Ihn galt es zu gewinnen.

Methild näherte sich dem Ziel. Nichts Weibliches war mehr in ihr, nur der düstere Wille, das Ziel zu erreichen, Herrschaft und Krone für sich und den Erben.

Der Legat läßt sich umwerben. Er verlangt Unterredung. Immerhin – Stephan ist sein Bruder – und die Kaiserin ein Weib.

Auf der weiten Ebene vor Winchester kommen sie sich entgegen, Methild mit Robert und Brian Fitz Count, weltlichen Magnaten und Bischöfen – der Legat mit wenigen Getreuen. Sie sind zu Pferd, die Männer in Rüstung, Methild in einem Mantel von rotem Samt und Hermelin.

Es war ein regnerischer, nebliger Tag, jener 2. März 1141, da Methild auf englischer Erde des deutschen Heinrichs Kaisersinn verriet ... Sie kaufte sich die Krone von England gegen unerhörten Schacher mit der Kirche. In allen Angelegenheiten des Königreichs soll die Kaiserin den Willen des Legaten hören, wenn er sie mit dem Segen der Kirche krönen wolle. Dann werde er die Treue halten – solange sie den Vertrag mit ihm nicht verletze.

Sie schlägt ein. Robert von Gloucester und Brian Fitz Count bürgen als erste mit ihrem Eid.

Am folgenden Tag wird sie in feierlicher Prozession nach Winchester eingeholt, wo sie vor neununddreißig Jahren geboren worden. Hymnengesang und Glockengeläut schallten übers Feld, lila, purpurn, weiß und schwarz kommt der Zug der Kleriker und Nonnen ihr entgegen, die Bürgerschaft folgt mit den ersten blühenden Zweigen. Methilds weißseidenes Kleid leuchtet neben dem roten

Gewand des Legaten – ein seltsameres Paar hat England nie gesehen. Er ist blaß und schmal, die Lider über dem gebietenden Blick hält er gesenkt, die Hände zum Segen erhoben. Mit der spitzen hohen Mitra auf dem Kopf überragt er sie um zwei Haupteslängen. Gold schillert von seiner Brust, seinen Händen und Füßen. Er meidet ängstlich die Pfützen des Weges, sorgsam auf das feine Leder seiner Schuhe bedacht, und hält die Arme gegen den eigenen Leib gepreßt, wenn Methilds weiße Seide ihm näher kommt. – Sie trägt den noch ungekrönten Kopf verschleiert wie eine Braut, der kostbare, silberdurchwirkte Mantel streift achtlos den Boden, ihr Lächeln und ihr Winken gilt den huldigenden Untertanen und zuweilen, wenn ein besonderer Anblick sich bietet, faßt sie nach des Legaten Arm, daß dieser sich noch schmaler zusammenzieht. Dann kräuseln sich ihre Lippen und sie fragt leise, ob der Legat die Krönungsformel schon ins Weibliche übersetzt habe … Er aber ist so durchdrungen von seinem Amt, daß er – beinah auf lateinisch antwortet.

Während der Legat in der Stiftskirche von Winchester ihr die Krone aufsetzt und Arme, Schultern, Brust salbt – mit fast vermiedener Berührung ihres Körpers – sieht sie die weiten Hallen von Sankt Peter vor sich – und dort – dort sitzt Heinrich – auf der blassen Stirn, über dem hellbraunen Haar, das Diadem der Cäsaren …

»Heinrich«, schreit es in ihr auf, »Heinrich, siehst du die Krone von England auf meinem Haupt? Du, du hast es gewollt …«

Der Legat blinzelt ungnädig mit den Augen. Tränen – jetzt – wo sie alles erreicht? Das konnte nicht gut gehen. Er wußte es doch: ein Weib war zu schwach für das Gute der Welt – und stark nur im Bösen.

Wie aus Erz gegossen steht Robert, der Bruder, neben Methild. Es ist sein Ehrentag so gut wie der ihre. Brian flüstert an ihrem Ohr: »Du bist schön, Herrin, niemals kannst du schöner gewesen sein!« – Aber sie hört und sieht nicht; im Schmuck der Insignien, die Krone der Normannen auf dem Haupt, das Zepter in Händen, sitzt sie auf dem Thron mitten auf offenem Marktplatz und empfängt die Huldigung.

- Es lebe unsere Herrin und Königin! schallt es durch die Gassen - laut, aber nicht begeistert. Das Volk mißtraute der ersten Frau auf Englands Thron.

Weiter geht es durch huldigende Städte: in Wilton schwört der Erzbischof von Canterbury der »Kaiserin-Königin« Treue; in Reading, wo auf samtenen Kissen die Hand des Apostels aus Santiago ruht und die Gruft Heinrichs I. steht, empfängt Methild als Herrin Geiseln und Lehenseid. Die zusammengelegten Hände der Vasallen strecken sich ihr entgegen, und sie umschließt die rauhen Männerfinger - mühsam mit beiden Händen. Der König von Schottland kommt ihr zu Sankt Albans entgegen, um sie zu geleiten - schon spricht sie von »meinem Königreich und meiner Krone«.

An ihrer Seite ritt Robert von Gloucester, der ihr die Siege erfochten, der treue, zu wenig bedankte, und Brian Fitz Count, von dem es hieß, er allein könne wissen, ob die Kaiserin noch ein Weib sei. Es waren müßige Zungen, die es erfanden, Methild hörte nur eine Stimme in sich - und wußte von nichts als dem Ziel - dem Ziel um jeden Preis.

Im Namen des Papstes eröffnete der Legat, Heinrich von Winchester, ein Konzil, um »über den Frieden des Vaterlandes zu beraten«. Nach König Heinrichs Tode habe die Kaiserin, so wendete er geschickt seine Rolle, zu lange auf sich warten lassen, deshalb sei es - einstweilen - Stephan gestattet worden, die Regierung zu führen.

Er rechnete damit, daß niemand die sieben vollen Jahre der Regierung Stephans nachzähle - und niemand die wenigen Tage, die nach Heinrichs Tod vergangen, als er, Heinrich von Winchester, bereits Stephan gehuldigt.

Der König, so meinte der Legat weiter, habe sein hohes Amt schlecht verwaltet, die Kirche sei von ihm hintangestellt worden, und Gott selbst spreche nun Urteil. Er, der Legat von England, müsse die Sache seines himmlischen Vaters höher stellen als die seines sterblichen Bruders - und so - »wählen wir mit dem Beistand des dreieinigen Gottes die Tochter des friedfertigen Königs Heinrich zur Herrin über England und die Normandie ...«

143

Darauf spricht er den Bann über Stephan und alle seine Anhänger. Teils schweigend, teils mit bescheidenem Zuruf billigt der Klerus. Heinrichs V. Weib: Herrin über England durch des Klerus Gnaden ... Von nun an vollzieht sich ihr Geschick nach den Gesetzen griechischer Tragödie.

»Domina« hieß Methilds Titel, Regentin. Noch lebte der gültig gesalbte König und – nie war ein Weib König über England gewesen. Methild selbst gab sich seit Lincoln vielerlei Namen, bald diesen und bald jenen. Nur einen Titel hat sie unwandelbar geführt, immer an erster Stelle: Mathildis Imperatrix.

Die Londoner bleiben königstreu, sie bitten für Stephan um Gnade. Da spricht Methild von Freilassung, sie schreibt an den Legaten, daß sie selbst sich für ihn bemühe ... obwohl sie nicht daran denkt. Aber auf den Legaten soll die Schuld seiner Haft fallen – denn sie braucht die Gunst ihrer Hauptstadt.

Methild werden die Tore von London geöffnet.

HERRIN VON ENGLAND

Es ist die Höhe ihrer Laufbahn, jener 20. Juni 1141, an dem Methild, die Kaiserin, zu Westminster einzieht. Die Londoner knien vor ihr auf dem Boden, Lichter brennen die Straße entlang, Weihrauch umschlingt sie, Bischöfe ziehen voraus und Fürsten folgen, unter einem Baldachin, mit Zepter und Krone, schreitet sie, den goldenen Apfel in der Linken.

Was ist auf dem steinernen Antlitz, was sprechen die flackernden Augen? Es ist nicht Glück und ist nicht Leid. Es ist ein Mensch, der seinem Rufe folgt – und wenn er daran zerbricht.

Die erste Tat zu Westminster: sie belehnt mit Ring und Stab den

144

Bischof von London – ein Recht, auf das ihr Vater vor fünfunddrei-
ßig Jahren verzichtet. Mit gerunzelter Stirn erfährt es der Legat; die
Herrin von England kann die Schule des deutschen Ketzerkaisers
immer noch nicht vergessen! Er droht dem Bischof mit dem Bann.

Über die Urkunden beugt sich Methild, die von königlichen Gnaden zeugen sollen, knirschend streicht die Schwanenfeder über Pergament:

»Mathildis Imperatrix, König Heinrichs Tochter.«

Gloucester, der hinter ihr steht, dem die Liebe zu seinem Land
den Blick klar erhält, sagt deutlich:

– Warum zeichnet die Herrin von England immer noch mit des
deutschen Heinrichs Kaisertitel?

– Weil die Königin von England alles, was sie hat, dem deutschen
Heinrich verdankt!

– Das glaube ich nicht!

– Was Graf Gloucester glaubt, kann mich nicht kümmern …

– England aber kümmert sich darum – mehr als mir lieb ist! Sie
zuckt kaum merklich die Achseln und reicht die Urkunden über die
Schulter hinweg. »Mathildis Imperatrix« steht darauf.

Aber dann – in diesen Tagen zu London – da bricht plötzlich alles
Leid, alle Schmach, alle Ungeduld, alles Sehnen, Hoffen, Kämpfen,
Opfern – alles Lieben und alles Hassen ihres überreichen Lebens,
ihrer neununddreißig reifen Jahre, aus ihr hervor, in einem einzigen,
gesammelten Strom hemmungsloser Leidenschaft. Sie ist nicht Methild, Heinrichs Weib, auch nicht die Gräfin von Anjou, die Mutter
des Erben. Es ist der Teufel der Despoten, der sie besitzt, unter dessen Peitsche sie vergißt, was sie gelernt, und verspielt, was sie er-
kämpft.

Die Großen des Landes, der treue Halbbruder Gloucester, der
König von Schottland, der Legat von England: sie müssen knien,
wenn sie bitten. Manchmal erhört sie nicht, weidet sich an ihrem
Anblick und gewährt nichts. Brian Fitz Count, der sie durch vierzehn Jahre selbstlos und treu geliebt, ihrer Sache mit Blut und Gut
gedient, wird heimgeschickt.

– Gloucester, Graf Brian wünscht für sechs Wochen auf Urlaub zu gehen. Er wird seine Familie besuchen. Begleitet ihn!

Brians Gesicht lief dunkelrot an, er stand einen Augenblick lang regungslos, die Hand auf dem Schwert. Dann beugte er sich kurz, und ohne Methild anzusehen, verließ er mit Gloucester den Raum.

– Das Weib ist des Teufels, sie raucht in ihrem Herzen und donnert in ihren Worten – und stürzt England noch ins Verderben –

Gloucester ritt neben ihm und antwortete nicht.

– Ihr müßt handeln, Robert. Ergreift die Krone. Ganz England jubelt Euch zu. Auch Ihr seid des Königs Sohn. Und niemand will ein Weib auf dem Thron ...

– Damals auf dem Totenbett, spricht Gloucester nüchtern, habe ich König Heinrich versprochen, zu ihr zu halten, sie zu schützen, für sie allein zu kämpfen. Nur sie trägt das Erbe des Königsstammes von Britannien. Ich bin Bastard, von einer Frau, die wallisischen Blutes war –

– Mag sein, daß sie allein Anrecht hatte. Aber sie ist von Sinnen –

– Zuweilen ja. Aber zuweilen spricht auch der Geist von England durch sie –

– Es ist nicht wahr! Sie liebt Deutschland, nicht England, denn sie kann den toten Deutschen nicht vergessen.

– Doch, sie liebt auch England – um des toten Deutschen willen –

– Fremd ist sie unserem Volk –

– Weil das Volk, das ihr Volk ist, erst heranwächst, das Volk von Großbritannien, in dem sich Normannen und Angelsachsen vereinen wie in ihr selbst!

– Nein, weil ihr Herz kalt und grausam ist.

Nun lachte Robert.

– Oho, Brian, etwa deswegen, weil sie dem Herrn von Wallingford nicht Weib ist? Ich könnte glauben, Graf Brian ist eifersüchtig auf den toten Heinrich – nicht weil er ein Deutscher war, sondern weil er Maud zum Weibe hatte.

Gloucester sah seinen Gefährten aus den Augenwinkeln an, der zuckte die Achseln:

146

– Gloucester, Ihr seid Mauds Bruder, Ihr tut Euch leicht. –
– Vielleicht nicht so leicht, als Ihr glaubt. Aber der Dienst an
England, merkt Euch das, geht nur über die Kaiserin und ihren
Sohn. Und auf meinem Schild steht: Unbesiegte Treue siegt! –
Er hob die Hand und kehrte sein Pferd. Brian sah, wie er stark
und gerade heimwärts ritt, in den roten Abend hinein.
Brian seufzte. Dann stieß er seinem Pferd die Sporen in die Wei-
chen und jagte ohne Atempause bis vor Wallingford.
Er habe Hunger und Durst, sagte er seiner Frau. An diesem
Abend zog der Herr von Wallingford sich nicht eigenhändig aus
und hütete sich am nächsten Morgen zu fragen, wie er in sein Bett
gekommen.

Unbeugsam ist Methilds Starrsinn gegen die Königstreuen, der
Haß raubt ihr Gehör und Gesicht, sie kennt nicht Einhalt, nicht
Dank, nicht Rat. Niemand vermag mehr etwas über sie. Unglaubli-
che Geldbuße stellt sie den Londonern. Fußfällig bitten die Bürger
um Gnade. Starren Augs, den Zorn auf der Stirn, das Gesicht von
Verachtung verzerrt, beharrt sie darauf. London war am längsten
dem Rebellen treu geblieben, London hatte sie zuerst verraten;
London mußte büßen.
– König Stephan hat uns nichts übrig gelassen, klagten die demü-
tigen Bürger.
– Ich verstehe, ihr habt alles meinem Feind gegeben, um ihn gegen mich zu stärken! Ich werde euch nicht schonen!
– Wir dachten, Ihr würdet uns nach den milden Gesetzen Edu-
ards des Bekenners regieren, nicht nach den harten Eurer Väter.
Das war zuviel für Methilds Normannenblut. Sie hob den Kopf
und befahl, die Bürger augenblicklich aus ihren Augen zu entfernen.
Sie gingen – um Methilds Feinde zu rufen.
Robert von Gloucester schlichtet, wo er kann, wirbt für sie, verkündet ihren Ruhm und – entschuldigt. Er wankt nicht, er weicht
nicht in seiner Treue; er ist wie die weise, bewußte Seele von England, während dieser Stunde, da der erste Mensch königlichen

147

Bluts, in dem Angeln und Normannen sich mischen, durch die Trübnis seines eigenen Selbstes geht ...

Stephans Frau, die Königin von gestern, schickt Boten zur Kaiserin, bittet um Gnade für ihren Mann. Geiseln, Burgen und Schätze werden angeboten für seine Freiheit, auf die Krone will er für immer verzichten, als Mönch oder Verbannter leben, um Gott zu dienen. Höhnend, in blindem Haß, schickt Methild die Boten zurück.

Ein glänzendes Bankett gibt sie zu Westminster, als Auftakt ihrer Krönung zu London. Geheime Botschaft dringt zu ihr, als sie sich zu Tisch setzt: London ist in Waffen, Stephans Weib vor den Toren!

– Zu Pferd! Zu Pferd! schreit sie selbst in den Saal –

Ihre Rache war auf die Rache einer Frau gestoßen. Und zerbrach daran. Noch erwartete sie die Antwort der Londoner auf ihre Geldforderung, da erschien die Gegenspielerin mit einem rasch gesammelten Heer vor den Toren der Stadt, überschritt die Themse und gab Befehl, die Hauptstadt vor den Augen der Herrin von England zu verwüsten.

Die aufgebrachten Bürger ergriffen die Waffen, strömten wie ein Bienenschwarm durch die geöffneten Tore, um mit dem Heer der Königin vereint, sich gegen die Kaiserin zu erheben.

Methild entkommt in wildem Ritt. Mit ihr, mühsam im Galopp sich haltend, der Legat, der König von Schottland und wenige Getreue.

Es war höchste Zeit, schon brach eine Schar von Bürgern in die unbewachten kaiserlichen Quartiere ein, sie riefen nach Frieden und einem Bündnis mit König Stephan. Sie wollten kein Weib, das grausam und hart war. Vier Tage nach ihrem Einzug in Westminster hat Methild in Raserei die Krone verscherzt.

Die Barone, verärgert durch die Despotie der Herrin, zerstreuten sich auf der Flucht, kehrten heim auf ihre Burgen. Methilds Name, noch gestern in Furcht und Schrecken genannt, war dahin. Verraten auf schmählicher Flucht, verließ sie ihre Hauptstadt, begleitet von den Flüchen der Londoner, dem Sturmgeläut der Kirchen. Der

Stern ihres Glückes neigte sich, kaum vier Monate nach ihrer Krönung zu Winchester. Ferner war das Ziel als zuvor.

Der offene Abfall des Legaten Heinrich von Winchester folgte der Flucht aus London. Durch ganz England erschollen seine Anklagen über jene Gräfin von Anjou, die ihre Schwüre für die Kirche mißachtet und die Treue der Ihren mit Füßen getreten! Er unterhandelte mit Stephans Weib.

In einem Kloster zu Gloucester, heimlich, während der Nacht, berät sich Methild mit Robert, Milo und Brian. Robert will den Legaten versöhnen und zieht ihm entgegen.

Aber Methild wartet nicht, sammelt ein Heer und führt es selbst vor Winchester, die Residenz Bischof Heinrichs. Sie nahm die Burg ein – der Legat verschanzte sich in seinem Palast. Methild ließ ihm sagen, die Kaiserin sei in der Burg, er möge vor ihr erscheinen. – Er antwortete schlau: »Ich werde mich bereit halten« – das hieß: er schickte Boten um Hilfe in alle Welt und legte Feuer in die Stadt.

Seinem Rufe folgte Stephans Weib, die Königin, sie rückte mit einem Heer vor Winchester und umzingelte die Stadt, innerhalb deren Mauern Methild und Gloucester den Bischof belagerten. Das Feuer, das der Legat selbst entzündet, war nicht mehr zu löschen, zwanzig Kirchen brannten nieder und zu Sankt Grimbold schmolz das kostbare Goldkreuz Knuts des Großen – drei Donnerschläge erfolgten, als die Flamme es ergriff. Schaudernd weissagte das Volk dem Legaten Unheil.

In der siebenten Woche wurde die Lage der Kaiserlichen unhaltbar. Wohl war Robert noch Herr seiner Mannschaft, niemand rührte an die Schätze der Heiligtümer – aber im Gefolge des Hungers stellten sich Seuchen ein, und sogar für die Kaiserin war seit Tagen kein Brot mehr zu beschaffen. So drängte er zum Ausfall – auf Sieg oder Verderben.

Im ersten Trupp, der durch mehrere Tore zugleich ausbrechen und durch die Flucht entkommen sollte, war die Kaiserin; Robert selbst in der Nachhut mit wenigen zuverlässigen Männern; langsam zurückweichend wollte er den Abzug der Schwester decken.

Der Feind wurde überrascht; der Vortrupp entkam. Aber als Robert den Fuß über den Acton setzen wollte, blies der Bischof Alarm von seinem Turm zu Wolvesey – Wilhelm von Ypern stürzte sich auf Gloucester und umzingelte ihn mit seinen Flamen.

Nun warfen sich die Königlichen mit aller Wucht auf die Fliehenden. Milo entfloh, der Waffen und Rüstung beraubt, nach Gloucester; König David von Schottland erreichte zu Tode erschöpft die Grenze seines Gebietes. Söldner und Ritter der Kaiserlichen irrten waffenlos umher, Bauern mißhandelten die letzten. In Schlupfwinkeln verborgen, rettete der Erzbischof von Canterbury sich das nackte Leben. Waffen, Rosse, Gewänder fielen in die Hände der Königlichen. Das Heer war aufgerieben ... aber die Kaiserin entkommen.

Am Abend des 14. September, der blutrot über Winchester herabsank, verhallten die Schreie der Verwundeten, fern rückte der Lärm der Verfolger. Stille lagerte sich über die Flur der Königlichen. Robert saß müde vor dem Zelt, in dem sie ihn bewachten. Wo war die Schwester?

VERGESSEN

Im rasenden Ritt der Flucht war Brian allein an ihrer Seite geblieben, entschlossen zu letzter Treue. Die Angriffe des Feindes wehren sie ab – Methild durch ihres Pferdes Schnelligkeit, Brian mit seinem Schwert. Rechts, links jagen sie, führen die Verfolger irre, rasen weiter, erreichen Ludgershall; das Pferd bricht unter Methild zusammen, sie nimmt einen Hengst, flieht weiter mit Brian nach Devizes; immer noch sind die Königlichen hinter ihnen her; bewußtlos fällt die Kaiserin vom Pferd, schleift am Boden; da ersinnt

150

er eine List, legt im nächsten Gehöft ihr einen Schleier um, wickelt ihren Körper in ein Leichentuch und legt sie in einen Sarg. Auf einer Bahre, im Begräbniszug, läßt Brian sie nach Gloucester tragen ...

Eine Leiche glaubt er tatsächlich in Händen zu halten, wie er den Deckel öffnet, zu Tod gehetzt auch er. Die Arme hängen schlaff herab und an ihrer Brust hört er kein Herz.

Aus dem Kloster läßt er die kundigsten Mönche kommen, sogar nach dem Juden schickt er. Ob sie krank ist? Ob sie sterben muß? Ob alle Glieder zerbrochen sind? Ob sie wieder genesen wird?

Der Mönch lächelte:

– Herr, die Kaiserin ist nicht krank, nur sehr schwach. Sie braucht Pflege und Ruhe. Seht, Herr, sie ist doch ein Weib!

Da fuhr Brian die Freude wie ein Messerstich durchs Herz. Wegen der Genesung, sagte er zu sich selbst ...

Brian, der wilde, frohe Ritter, war kein Krankenpfleger. Aber seit der Mönch von Pflege und Ruhe gesprochen, ließ er keinen Menschen mehr an Methilds Lager. Er selbst trug zu ihr, was kundige Frauen ihm sagten, er salbte mit rauhen Händen ihre Glieder; vorsichtig, so zart er konnte, hob er ihren Kopf und goß stärkenden Trank in ihren Mund. Anfangs nahm er sogar den beinernen Kamm und strich durch die gelben Haare. Da stöhnte Methild laut, und im Kamm blieben so viele Haare hängen, daß er den Schrecken kennenlernte, den er vor keiner Schlacht erfahren. Seitdem kämmten Dienerinnen die Herrin. Aber ihr verstaubtes Gesicht wusch er selbst mit weichem Linnen und Rosenwasser und war sehr stolz, daß es unter seinen Händen sauber wurde. Er wich nicht aus ihrem Zimmer, er kam auf den kleinsten Laut an ihr Bett, und nachts schlief er auf Stroh neben ihr auf dem Boden.

Vor Gloucesters Burg standen verschlungene Buchen, die sich im Herbstglanz färbten. Es waren wunderbar warme Tage von sehnsüchtigem Blau über klarem Horizont. Langsam, ganz langsam wichen die Fieberschauer und wirren Träume von Methild. Fern und ferner rückte London mit Weihrauch und Krone, fern war das Schlachtgeschrei von Winchester. Die Jahre blätterten von ihr, eines nach dem andern, während das Laub von den Zweigen fiel im Schloßhof zu Gloucester.

Brian war immer noch schön, und immer noch liebte er Methild wie an dem Tag, da er Tristan gespielt und die Königstochter zu dem Anjou gebracht.

Sie wehrt nicht, wenn er wild und sanft zugleich ihre Hände streichelt, sie ruft selbst nach ihm, wenn er aus dem Zimmer geht. Sie läßt ihm ihre Hand und ihren Mund.

In diesen Herbstnächten, in dem dunkel getäfelten Zimmer des Schlosses zu Gloucester, schläft Brian nicht mehr auf Stroh neben ihrem Bett ... In diesen Wochen ist sie ihm Weib und nichts sonst. Schwach und glücklich, dumpf und fraglos, liegt sie unter der blauen Seide des Baldachins. Vergessen ist alles, was bisher war, vergessen die Herrschaft über England, vergessen das Kind, vergessen, vergessen Heinrich und sein Kaisererbe.

»Piissima Mathildis«, die keusche Kaiserin der Römer, wurde ein Weib ohne Kraft und Gnade vor den tanzenden Lichtern in eines Ritters Augen – vergaß die Welt über feinen weichen Lippen und harten Armen. Piissima Mathildis war nicht vom Holze der Heiligen ...

– Wie süß das ist: schwach sein ... Was machen andere Frauen, wenn sie schwach sind? fragte sie in sein Ohr.

– Sie lieben starke Männer und lassen sich beschützen –

– Und wenn der Mann keine Zeit hat dafür?

– Der Mann hat immer Zeit, wenn er liebt.

– Glaubst du?

– Ich weiß es!

Methild wußte es anders, tief in ihrem Innern. Aber sie war müde, und Brians Lüge klang so schön. Sie streckte sich auf ihrer Lagerstatt und schloß lächelnd die Augen.

– Bitte sing mich in Schlaf –

Und er sang das Lied von Tristan, als er Isolde wiederfand.

Aber Methilds Körper, der niemals krank gewesen, war bald wieder stark wie vordem. Eines Morgens kniete Brian vor ihr, während sie langsam erwachte.

– Du warst so sonderbar heut nacht. Was war dir? Du hast gestöhnt und geredet – in einer fremden Sprache ...

Sie richtete sich auf. Mit beiden Händen hielt sie ihre Schläfen und strich sich die Haare zurück.

– Heut nacht, fragte sie zu sich selbst, heute nacht?

Plötzlich stemmte sie die Hände gegen das Bett und sprang auf.

– Ja. Es war Deutsch. Und morgen reiten wir nach Bristol!

– Morgen schon? fragte Brian erschrocken.

– Ja, Brian, es ist aus ... Ich habe heut nacht von Heinrich geträumt!

In der ersten Woche des November ritt Methild mit Brian südwärts. Gesund und froh, wiedergegeben dem Tag und neu erwacht zu dem Stern, der über ihrem Schicksal stand.

Ihre linke Hand faßte vom Pferd herüber Brians Arm:

– Ich danke dir. Ich glaube, ich verdanke dir mein Leben. Das werde ich nicht vergessen ... Du weißt, ich habe nie vergessen können ... Aber –

– Du brauchst nicht weiterzusprechen, unterbrach sie Brian, ich weiß, daß du mehr zu erfüllen hast als nur – mir Frau zu sein –. Und was du mir gabst – ich glaube, es reicht für ein Leben.

Methild richtete zwei feuchte Augen auf ihn.

– Ich danke dir!

Nun fragte sie nach dem Bruder, um den sie Angst getragen all die Wochen, hinter dem Schleier ihrer Liebesstunden.

Robert war vor die Königin gebracht worden. In der Gefangenschaft trug er den Kopf nicht weniger hoch als vor der Kaiserin in London. Ehrenvoll, ungebunden war die Art seines Gewahrsams. Auch dem Feindeslager war er das Gewissen von England, ehrfürchtig blickten die Königlichen auf solchen Gegner und neideten ihn dem Lager der Kaiserlichen. Königin und Legat wetteiferten in Vorschlägen.

– Graf Gloucester, sagte die Königin, ich bin bereit, Euch auszutauschen, wenn mein königlicher Gemahl frei wird.

– Hohe Frau, ich bin im Dienst der Kaiserin und habe nicht das Recht, ohne ihr Wissen zu verhandeln. Sie ist Herrin von England.

– Aber, sagte der Legat und beugte sich lächelnd zu ihm, wenn Ihr die Sache Eurer Schwester aufgebt – die ohnehin verlorene Sache der Gräfin von Anjou –, so wollen wir für Euch wirken, daß Ihr fortan Zweiter seid nach König Stephan. Dominatus von England – ohne dessen Rat nichts geschieht im ganzen Land ... Der König und der Graf zusammen werden Recht und Frieden bedeuten für England!

– Ich habe meinen Eid für die Kaiserin geschworen, Herr Legat. Und ich bin vom Papst selbst ermahnt, ihn zu halten – Herr Legat!

Heinrich von Winchester lehnt sich zurück. Seine weiße Hand mit dem blauen Saphir gebietet der erzürnten Königin zu schweigen. Er schließt die Augen halb und sagt schläfrig:

– Dann wird man Graf Gloucester zu Boulogne unter der Erde gefangenhalten müssen ...

– Das steht Euch frei. Aber Ihr könnt wissen, daß dann König Stephan nach Irland verschickt wird.

Robert von Gloucester wird abgeführt. Frei geht er, mit erhobenem Haupt, und enttäuscht folgen ihm die Blicke seiner Feinde. Er hat sich bewährt in dieser größten Versuchung, makellos blieb sein Schild: Unbesiegte Treue siegt. – Wenn einst Methild das Werk gelingt, wird es sein Werk sein, so gut wie das ihre.

Gloucester läßt die Kaiserin wissen, daß sie den angebotenen Vertrag nicht eingehen solle, der König Stephan freiläßt und alles wieder herstellt, wie es vor dem Sieg von Lincoln gewesen – um den einzigen Preis seiner Freiheit. Inständig bitten Methilds Boten, daß er dennoch einwillige. Unmöglich sei der Kampf ohne ihn. So läßt er sich in versiegelten Briefen an den Papst vom Legaten die Verträge beschwören. Dann findet die Auswechslung König Stephans gegen Robert von Gloucester statt unter Wiederherstellung des alten Besitzstandes vor Lincoln. Die Arbeit zweier Jahre schien für die Kaiserlichen umsonst getan.

Am 1. November 1141 war der König frei. Er läßt sich aufs neue krönen, der Legat ist auf seiner Seite, die Hauptstadt in seinen Händen, der Klerus neuerdings schwankend.

Noch einmal, in geheimer Unterredung, drängt Stephan in Gloucester, von der Schwester abzufallen. Wieder gibt der unbedenklich die große Stellung preis, alle seine Güter und Burgen, die er aus keiner andern als der Kaiserin Hand zu Lehen empfangen will. Selbst den eigenen Sohn opfert seine Treue, als er auf die Gegenseite tritt.

Nach Gloucester kehrt Robert zurück und trifft Methild wiedergenesen. Er beugte den Kopf lange über ihre Hand, um seine feuchten Augen zu verbergen. Brian steht am Fenster, die Hände auf dem Rücken. Er weiß, daß nun wieder die Pflicht kommt, der Kampf, die Gefahr. Die beiden Königskinder schweigen immer noch. Da kehrt er sich um und geht leise aus dem Raum. Während er die Tür hinter sich schließt, weiß er, daß der kurze Traum einer langen Liebe hinter ihm liegt, und fühlt, daß diese Liebe nie enden wird.

– Gloucester, sagt Methild, du hast gewacht, während ich schlief in diesen letzten Wochen. – Beinahe habe ich alles vergessen. Dann wäre es besser gewesen, du hättest mit König Stephan das Land regiert.

– Schwester! ruft Robert erschrocken.

– Ja, nickt Methild. Nach der Flucht war ich ein Weib und verlor mich an einen Mann.

Gloucester legt langsam die Hand auf den Dolch:

– Ihr werdet mir den Namen nennen von diesem Schurken, sagt er ruhig.

– Nein. Ihr werdet bei Eurer Treue nie nach ihm fragen. Denn jetzt spreche ich als Schwester, nicht als Kaiserin. Ich trage ein Kind von diesem Mann … Aber niemals wird die Welt wissen, welche Mutter dieses Kind geboren, ich weiß, daß ich meinem Sohn das Erbe von England erhalten muß und ich werde meinen Weg zu Ende gehen! Gloucester senkte die Hand und senkte den Kopf:

– Und wer, fragte er, bürgt mir dafür, daß meine Schwester, die Kaiserin, diesen Weg nicht noch einmal vergißt?

– Dafür bürgt der Mann, von dem ich geträumt habe, ehe ich – nach diesen Wochen – zu mir kam. Der Mann, dem ich alles verdanke bis heut, Heinrich, dem toten Kaiser der Deutschen!

Gloucesters graue Augen sahen sie lange an:

– Schwester, sagte er, ich weiß besser als Ihr glaubt, wie schwer Euer Weg ist für ein Weib. Und wenn es wahr wäre, was unsere heidnischen Vorfahren im Norden glaubten, daß wir wiederkommen an den Ort unserer Taten auf Erden, dann möchte ich wünschen, das Land der Deutschen zu sehen, und möchte dem Mann begegnen, dessen Geist hinter Euch steht, bei allem, was Ihr tut! ... Herrin, wißt Ihr, daß unsere Bauern sagen, es lebe ein sonderbarer Mann im Heideland bei Chester, Godescall nenne er sich, von Gott gerufen, es sei Kaiser Heinrich V., Euer verstorbener Gemahl. Vor der Schlacht bei Lincoln ist er gesehen worden und früher, als Ihr in Anjou wart, auf normannischem Boden ...

Methild öffnete die Lippen, aber ihre Stimme versagte.

Und Gloucester tat, was er niemals getan, er nahm den Kopf der Schwester in beide Hände und küßte sie auf die Stirn.

DER STERN ÜBER IHR

Wieder sammeln die Kaiserlichen ihre Getreuen, befestigen Burgen, schicken Reiterscharen plündernd durchs Land.

Der Legat aber ist nicht mehr zu gewinnen. Er verliest vor versammeltem Konzil einen Brief des Papstes, der tadelt, daß er Methild gekrönt. Gezwungen nur, nicht freiwillig, habe er, der Legat, dieses getan, mit Waffen sei er bedroht worden nach dem Sieg von Lincoln. Nun wende Gott es anders. – Er fordert die Versammlung auf, Stephan, »mit des Volkes Willen und unter Zustimmung des Papstes gesalbt«, zu unterstützen. Über alle Friedensstörer, die der Gräfin von Anjou anhängen, über alle, außer ihr selbst, spricht er den Bann.

Keiner wagt Widerspruch. Nur ein Laie, Abgesandter der Kaiserin, will daran erinnern, daß der Legat selbst die »Gräfin von Anjou« ins Land gerufen ... Sein Wort geht im Murmeln des Mißfallens unter.

Methilds Schicksal wendet sich im Unglück; sie, die auf die Macht des Legaten von Rom ihre Krone gestützt, wird von dieser Macht aufgegeben.

Aber auch die Mittel gehen den Kaiserlichen zur Neige. Da will sie den letzten Schritt tun; sie sendet nach Anjou. Gottfried soll kommen, das Erbe seiner Söhne verteidigen helfen. Nie hat sie ihr Festlandserbe vergessen, wiederholt zum Einfall in die Normandie aufgefordert. Und als ihr Sieg vor Lincoln bekannt geworden, schien die Herrschaft über die Normannen kampflos in Gottfrieds Schoß zu fallen. Aber er wußte sich nicht zu behaupten.

Zu Pfingsten 1142 sendet er seiner Gemahlin Antwort, er sei über die Botschaft nicht erfreut. Keinem schenke er Glauben, er wisse nicht, wie die Dinge stehen. Robert von Gloucester, dessen Treue er schätze, solle selbst kommen, ihm werde er sich nicht versagen. Alle anderen bäten umsonst!

Hilfe tat not, Methild wußte es in neu gewonnener Nüchternheit.

Aber Robert wollte sie nicht allein lassen, er bangte um ihr Leben. Verrat und Krieg ringsum – wer sollte die Barone in Schach halten, wer das zügellose Heer? Brian war tapfer, aber sein Name zu klein. Methild war ein Weib – und in den Gemächern von Gloucester festgehalten ... Denn im Juli erwartete sie in tiefstem Geheimnis ihr Kind aus den Liebesnächten mit Brian.

Doch bat Methild eines Tages:

– Geh und bring mir Heinrich! Er wird schon groß sein, ich habe Sehnsucht nach ihm. Wenn er um mich ist, wird mir neue Kraft kommen. Und Englands Große werden sich beugen vor König Heinrichs Enkel. Bring ihn mir – Heinrich II. von England!

Das sah Gloucester ein, und er ging, nachdem er Geiseln und Burgen ausbedungen für ihr Leben.

Seine Schiffe fuhren im Sturm über See. Nur zwei wurden gerettet; sie bargen Robert und die Edelsten.

Aber Gottfried verweigerte auch ihm den Hilfszug nach England. »Keinen Mann und keinen Heller für England!« höhnte er. Er sei selbst im Kampf, und Methild habe kein Glück ... Robert verstand, half auch hier, nahm ihm Bayeux, Caen und zehn Burgen ein. Dann bat er nochmals, vergebens auch jetzt.

Das war die Wende. Denn nun kam die entscheidende Bitte, und die wurde gewährt. Er erbat sich Heinrich, den neunjährigen Erben, daß seine Gegenwart die Ritter entflamme. Immer habe England in der Kaiserin Sohn den geborenen König gesehen. Er sei die letzte Hoffnung.

Heinrich stand vor dem Vater, ein hölzernes Schwert in pelzgeschützten kleinen Händen.

– Ich glaube, Vater, meine Mutter will mich zum König machen!

– Eitler Knirps, du wirst noch froh sein, wenn ich dir Anjou vererbe!

Es war Herbst geworden. Immer noch kehrte Gloucester nicht heim. König Stephan hatte schwer erkrankt darnieder gelegen; kaum wieder genesen, benutzte er die willkommene Abwesenheit des Treuesten der Kaiserlichen und rückte mit einem starken Heer vor Oxford, wohin die Kaiserin gezogen.

– Ich werde das Teufelsweib fangen! sagte er. Beim heiligen Kreuz des Herrn, die Hexe entkommt mir nicht lebend!

Methild wiegte sich zu Oxford in Sicherheit; weit im Umkreis war das Land ihr ergeben, die Stadt ausgezeichnet befestigt, sie galt als uneinnehmbar. Aber in Gloucesters Abwesenheit waren die

Barone sorglos geworden, eine Burg nach der andern fiel in des Königs Hände: Cirencester, Bampton, Ratcot – und eines Tages erschien das Heer am Horizont. Kaiserliche Söldner drangen keck aus der Stadt, überquerten die Furt, reizten die Königlichen durch spöttische Rufe und schossen ihre Pfeile auf sie. Wütend warf sich Stephan in heftigem Anprall auf den kleinen Trupp des Feindes, drang hinter ihm her bis zu den Toren und gelangte im Handgemenge, unter die Kaiserlichen gemischt, mitsamt seinen Leuten in die Stadt. In dieser Nacht brannte Oxford. Ein wüster Straßenkampf erdrückte die Besatzung, sie fiel in Gefangenschaft, kam um oder erstickte im Rauch. Methild war mit dem Rest ihrer Truppen in der Burg eingeschlossen.

– Ich schwöre bei meiner Seligkeit, ich schwöre bei Sankt Michael, dessen Fest wir heute feiern, nicht zu wanken und zu weichen, bis dieses Weib in meine Hände kommt! rief König Stephan. Sie wird mich nicht wieder täuschen wie vor Arundel – und Friede wird kommen über England!

Die Barone kamen zu Wallingford zusammen und berieten in Furcht die verzweifelte Lage. Brian war unter ihnen, der auf wenige Tage aus Oxford geritten – zu Geschäften, wie es hieß. Er hatte die Tochter in Sicherheit gebracht, das »mutterlose« Kind, die Frucht seiner Liebe zur Kaiserin. Fieberhaft wurde ein Heer zum Entsatz gesammelt – aber Wochen vergingen darüber, und schon war die Burg von Oxford am Verhungern.

Methild saß im engen Turm, es waren trübe Novembertage. Nichts sah man als eine weite weiße Fläche, von den schwarzen Flecken des königlichen Lagers unterbrochen. Der Lärm von Stephans Heer drang bis zu ihr herauf, durch die Nächte brannten die Lagerfeuer. Wohl gerüstet waren die Königlichen und wohl verschanzt in den Mauern der Stadt. Von keiner Seite nahte Entsatz, soweit sie spähte. Tag um Tag verging im Warten ...

Vielleicht fuhr der kleine Heinrich jetzt über See und freute sich auf seine Mutter. Zum erstenmal, vielleicht zu eben dieser Stunde, betrat sein Fuß den Boden von England. Sie aber war gefangen. Seit

Tagen lebten sie nur mehr von Brot, Ratten lugten aus jedem Loch, und ihre Leute murrten. Der Mond kroch durch die Wolken, schlaflos lag sie auf ihrem Lager.

War dies das Ende – das Ende der Kaiserin? Gefangen von Stephan, dem Verräter, schmählich besiegt in dem Augenblick, da der rechtmäßige Erbe nahte?

Der Wind hatte aufgehört, in der Dunkelheit fielen dichte Flocken. Da kommt ihr ein Gedanke. »Schlau sein muß auch der Tapfere«, hatte Heinrich sie gelehrt. In der Nacht noch beruft sie die Männer.

– König Stephan belagert nur mich. Wenn ich nicht mehr bei euch bin, wird er der Besatzung freien Abzug gewähren. Drei von euch sollen sich melden, die mit mir fliehen. Wir zerschneiden weiße Linnen und hüllen uns darein. Im Schnee, bei Nacht, wird man unsere Flucht nicht bemerken.

– Herrin, sagt Milo, rings um die Burg sind Wachen gestellt, die nüchternsten und besten von des Königs Leuten, der König hat geschworen bei seiner Seligkeit –

– Dann schwöre auch ich bei meiner Seligkeit –

– Und beim Erzengel Michael –

– Auch ich beim Erzengel Michael, daß ich euch rette! Wir lassen uns an einer Strickleiter herab, fliehen durch die verborgene Tür der Außenmauer, über die gefrorene Themse in der Richtung nach Wallingford – morgen nacht. Schlaft wohl!

Sie stieg die gewundene Treppe hinauf, mit leichten Schritten. Die Männer sahen ihr nach.

– Wenn das gelingt, hat sie den Schutz des Himmels, sagte der eine, aber sie schüttelten alle zweifelnd die Köpfe.

Es war der 1. Dezember, gegen Mitternacht klärte sich der Himmel auf, ab und zu schien ein kleiner Mond durchs Gewölk. Weithin lagen die Felder verschneit. Als es zwölf Uhr rief vom Turm zu Oxford, schwebten weiße Gestalten die Wände der Burg herab – durch die Außenmauer kommen sie hervor – schleichen lautlos dahin. Ein Wächter rührt sich – kreidebleich im Mondlicht starrt er die Geister an ... Sie schweben über Wälle, Graben. Schon ruft ein anderer laut, ein Horn bläst Alarm, sie wandeln über den Fluß, mitten durch das schlafende Quartier des Königs, über die schneeige Ebene, in die Nacht ...

Fünf, sechs Meilen weit fliehen sie, zu Fuß, ohne Halt, nach Abingdon. Noch in derselben Nacht stehen sie vor Wallingford.

– Euer Ruf? schreit der Wächter.

– Die Kaiserin!

In schneeweißem Gewand, keuchend, hochroten Kopfes, steht sie am Tor.

– Die Kaiserin! Die Kaiserin! hallt es durch die Burg.

Von ihren Lagern, von den Bänken im Saal, am Fußboden, in den Gängen, wo sie gerade schliefen, springen die Ritter auf, reiben sich die Augen. Entsetzen ergreift sie.

– Faßt mich an, lacht Methild, ich bin aus Fleisch und Blut!

Nun bricht der Jubel los.

– Wo ist Gloucester mit meinem Sohn? ruft sie in den Lärm.

– Er zieht gegen Oxford zu Euerm Entsatz – mit Prinz Heinrich.

Jetzt erst setzt sie sich und trinkt aus dem Becher, den Brian ihr reicht, das helle Haferbier bis zur Neige.

König Stephan fluchte der Hexe von Kaiserin, mißmutig gab er die Belagerung auf und gewährte der Besatzung freien Abzug.

Robert von Gloucester kehrte um. Nach Wallingford, zur Weihnachtszeit, brachte er Methild den Erben.

Als sie die ernsten Kinderaugen unter der kühnen Stirne sah, als er mit seiner festen kleinen Stimme sagte:

– Mutter, du hast mich gerufen! Hier bin ich!

Da schluchzte sie auf.

Heinrich aber, der Neunjährige, schlang die Arme um den Hals seiner Mutter und sagte auf deutsch:

– Du brauchst nicht zu weinen – jetzt bleibe ich bei dir!

Das Volk sagte seit jener Flucht, über der Kaiserin stehe ein be-

161

sonderer Stern. Sie schwieg dazu. Sie wußte es längst. Es war die
Aufgabe, die noch vor ihr stand – die unvollendete Brücke.
Und England erhoffte Heil von dem Sohn solcher Frau.

ABSCHIED

Es kam zu keiner Entscheidung, weder durch Waffen noch Ver-
handlung. England war erschöpft vom neunjährigen Bürgerkrieg,
Hungersnöte brachen aus, das Volk lebte von Roß- und Hunde-
fleisch, aß Kräuter und Wurzeln; viele wanderten aus, andere flüchteten verstört in die leerstehenden Kirchen, ganze Ortschaften gingen unter. In den Trümmern hausten mordend und folternd wilde
Banden zuchtloser Söldner. Die Flamländer, Brabanzonen und Bre-
tonen, die Stephan ins Land geholt, versuchten ihr Kriegsglück
längst auf eigene Faust. Sie trieben Kirchenraub, wo immer sie
konnten, sie höhnten den klagenden Klerus. Der war selbst ver-
kommen durch die lange Not, Bischöfe zogen als Krieger umher,
machten Beute und bedrängten die Nachbarn. Die gepflasterten
Straßen der Römer verfielen, rings um die Klöster sammelten sich
die erschreckten Bauern, das Land um York lag auf sechzig Meilen
brach. – Verräter gingen von einem Lager zu dem andern, von den
Königlichen zu den Kaiserlichen und wieder zurück. »Wie lange
werden wir noch büßen für unsere Sünden?« tönte es durch England.

Eines Tages, im Herbst 1146, meldete Gottfried von Anjou im
Triumph, daß er als Herzog Einzug gehalten habe in Rouen; er verlangte die Rückkehr von Frau und Sohn. England sei nicht zu gewinnen, Methild solle wenigstens ihr Stammland sichern, denn er,

162

Gottfried, könne Anjou nicht allein lassen. – Heinrich, sagte Methild eines Tages zu dem Knaben in Bristol, wo sie selbst ihn mit einem gelehrten Mönch erzog, wir müssen nach der Normandie zurück ...

– Und England? fragte er darauf.

– England ist in Gloucesters Händen. Es gibt keinen besseren. Und wir kehren wieder.

Sie selbst meldete ihre Ankunft für die Tage vor Fastnacht 1147. Den Knaben sandte sie dem ungeduldigen Vater voraus. Er wollte nicht gehen, die Mutter sei in Gefahr, sagte er. Aber er ließ sich überzeugen wie immer, wenn man klug zu ihm sprach.

Methild ritt, nachdem er gegangen, noch einmal durch englisches Land, mit Gloucester und Brian ihr zur Seite. Sie ordnete Aufbau an mit allen Kräften und letzten Mitteln. Der Sohn sollte keine Wüste erben. Sie beriet die treugebliebenen Barone, nahm ihre Schwüre für die Nachfolge des Sohnes und setzte Gloucester feierlich zum Statthalter ein.

Dann – es war wieder ein Februartag wie damals auf ihrer ersten Überfahrt Heinrich entgegen – segelte sie auf einem roten Schiff nach Rouen. Am Hafen von Dover gab sie zum letztenmal dem Bruder die Hand, dann Brian.

– Hütet mir England. Ich will euch den König erziehen und das Land der Normannen halten, bis wir am Ziel sind.

– Und unsere Kaiserin, fragte Brian, wann werden wir unsere Kaiserin wiedersehen?

– Ich weiß es nicht. Vielleicht – braucht ihr mich überhaupt nicht mehr ... Ich bin fünfundvierzig Jahre alt – so alt wie Kaiser Heinrich war, als er starb.

Sie kehrte ihren Kopf gegen die See. Das Adlerprofil der Normannen hob sich von dem silbriggrauen Hintergrund, der Marderpelz ihres Mantels hing zerschlissen von den Schultern, die ersten weißen Haare mengten sich unter die gelben – Spuren ihres siebenjährigen Kampfes um England.

Sie lächelte, es war so schwer, das letzte Wort zu finden.

– Aber Maud, die Schwester und die Freundin, braucht ihr nicht zu vergessen, sie wird an euch denken und sie weiß, daß sie in eurer Schuld ist, so gut wie das Reich von England!

Sie beugten sich lange über die gereichten Hände, Gloucester über die Rechte mit dem blaugoldenen Ring des deutschen Heinrich, Brian über die linke.

– Herrin, sagte Robert, und seine Stimme war verändert, ich habe Befehl gegeben, daß zu Bristol, wo Ihr so lange weiltet, eine Abtei errichtet werde zu Ehren des Apostels Jakobus, von dem Ihr sagt, daß er Euch geleitet habe seit Eurer Krönung in Deutschland bis hierher zu uns. Ich tat es zum Dank für England an seine Kaiserin. Einst wird eine glücklichere Zeit besseren Dank wissen – und erkennen, was Ihr für Britannien getan habt ...

Methild schwieg. Ihre Schuld an Gloucester war zu tief, als daß ein Menschenleben sie tilgen konnte.

Sie stand am Bug und sah die weiße Küste versinken.

Das normannische Land empfing Methild und ihren Sohn als Herren. In dem alten Palast der Väter zog sie mit ihm ein, zu Rouen, und lehrte den Fünfzehnjährigen alles, was sie selbst von Herrschaft wußte. Ruhe und Friede sollte über das Stammland kommen, bis die Stunde für England schlug und Gloucester rief.

Aber eines Tages, im November 1148, kam die Botschaft über See, daß Gloucesters Kraft, erschöpft im Dienst um seine Schwester, erlegen sei. Ein Fieberanfall hatte sein Leben beendet, zu Bristol bestatteten sie ihn, im Kloster Sankt Jakob, das er zu Ehren der Kaiserin begründet. Eine versiegelte Rolle überbrachte der Bote als letzten Gruß an Methild.

»Du sollst leben, meine Kaiserin und Schwester! Ich sterbe. Sende den jungen Herrn oder komme selbst, bald seid Ihr am Ziel. Stephan ist alt und wird müde. Ich bin glücklich, daß mein Leben England und der Kaiserin gehören durfte.«

Niemand sah Methild in diesen Tagen, selbst der junge Heinrich nicht. Noch einmal, knapp am Ziel, drohte alles zu scheitern. Denn unersetzlich war Gloucester, niemand wußte es so gut wie sie. Sechzehn Jahre erst zählte der junge Heinrich. Dennoch war nun die Stunde an ihm.

– Du mußt nach England gehen, mit allen Männern, die wir gewinnen können, sagte Methild.

– Bei den Augen des Herrn! Ich will mich bereit machen! war seine Antwort.

Im Mai 1147 segelten seine Schiffe über den Kanal, wie ein »leuchtender Stern« erschien er den Kaiserlichen. Aber seine Söldnerschar war klein, seine Mittel gering, arm war die Normandie geworden und arm die Kaiserin. England hatte ein Heer von ihm erhofft und unermeßliche Schätze. Als man seine kleine Schar sah – viele der Treuesten der Kaiserlichen waren nicht mehr am Leben – verwandelte sich die Hoffnung in Mutlosigkeit.

Schließlich geriet er selbst in bittere Not. Kaum konnte er seine Leute mehr ernähren, vor Hunger fielen sie von ihm ab, einer nach dem andern.

Voll Zorn und Scham sandte er nach seiner Mutter um Hilfe. Aber auch sie war bettelarm geworden. Und der Vater Gottfried hatte sich nie um Englands Sache bekümmert. Von David, dem Schottenonkel, ließ er sich zum Ritter schlagen, dann trat er, helläugig und trotzig, vor seine Getreuen:

– Ich fahre noch einmal nach der Normandie – Waffenübungen will ich machen! sagte er mit geballten Händen. Damals schon war er stark, voll gesammelten Willens, der gezeichnete Erbe einer großen Vergangenheit und Träger einer großen Zukunft.

– Ich habe dir immer gesagt, laß England, du wirst es nie gewinnen! empfing ihn der Vater, als er zu Angers ihn besuchte.

Heinrich antwortete nicht, eine Ader nur schwoll an seiner Schläfe.

– Ärgere dich nicht, mein Sohn, ich werde dir die Normandie überlassen und mich selbst nach Anjou zurückziehen. Herrsche im Land deiner mütterlichen Ahnen, gewinne den König der Franzosen! Und vergiß England!

165

Blitzschnell schlug er ein Bein zurück und kniete vor dem Vater:
– Ich danke dir – für die Normandie, sagte er. Und dachte dazu:
England erobere ich selbst!

Methild ließ Gottfried die Geste, ihr Stammland zu verschenken
als sein Eigen. Sie sah, wie der Sohn ernst und fest die Zügel ergriff
und tapfer gegen die Franken zu Felde zog, um seine Grenze zu sichern. Sie selbst sammelte still im Palast zu Rouen die Nachrichten
aus England. Wilhelm, ein normannischer Prior, brachte die Botschaften in seinem buschigen, dunklen Bart versteckt, zu winzigen
Röllchen geformt, sicher über die See. Sechs Silberlinge bekam er
dafür pro Tag.

Heinrich, Herzog der Normannen, machte nach einjähriger
Herrschaft Friede mit den Franken und wurde zu Paris von König
Ludwig selbst mit der Normandie belehnt. Gottfried, der Vater,
war anwesend bei jenem feierlichen Akt in Sankt Denis, und nach
langer Zeit und zum letztenmal war die Kaiserin an seiner Seite.

Kurz darauf, am 7. September 1151, starb Gottfried, plötzlich,
nach einem Bad im Fluß. Heinrich hatte er die Herrschaft über Anjou übertragen.

Als sich der junge Graf zu Angers huldigen ließ, erreichte ihn
Botschaft von Eleonore, Königin der Franken, die sich von Ludwig
hatte scheiden lassen. Mit knappen Worten berichtete es Heinrich
der Mutter.

– Man sagt, Eleonore sei eine Hexe, in dunklen Künsten erfahren, schön und männertoll, sagte Methild. Du weißt, dein Vater und
dein Bruder Gottfried, beide haben sie besessen, zu gleicher Zeit,
und als sie noch Ludwigs Weib war.

– Und jetzt will sie mich heiraten. Die Dame bleibt in der Familie!

Methild verbarg ihre Sorge. Sie fragte nur:
– Und du?

– Mutter, Eleonore bringt mir Guyenne und Poitou, halb Frankreich gehört mir, und ich bin dem König der Franken auf dem Festland gewachsen, wenn ich das Weib erhöre. Mit ihrem Geld kann

ich ein Heer werben für England. – Ich begreife. Aber du – weißt noch nicht, was Liebe heißt.

– Glaubst du? In Le Mans geht ein Weib von mir schwanger und –

– Du weißt noch nicht, was Liebe ist! sagte Methild noch einmal. Aber du mußt wissen, was du tust.

– Mutter – er legte seinen Kopf auf ihre Schulter und sah sie zärtlich an – Mutter, auch du hast England mehr geliebt als deinen Mann –

– Ja. Aber ich habe Heinrich, den Kaiser Heinrich, mehr geliebt als alle Länder auf der Welt.

– Sag, Mutter, lächelte Heinrich, warum bin ich nicht Kaiser Heinrichs Kind geworden, sondern der Sohn des Anjou?

Methild nickte mit dem Kopf, einmal und noch einmal:

– Ja, auch ich habe mich oft danach gefragt. Aber sieh, die Kronen von England und dem Reich waren nicht für ein einziges Haupt bestimmt. Auch ich, die von den Deutschen Gekrönte, habe nicht herrschen können über Britannien. Ich habe nur kämpfen dürfen für das Erbe. Herrschen wirst du – den das Volk Henry Fitz Empress nennt – Sohn der Kaiserin!

HEINRICH – SOHN DER KAISERIN!

Während Herzog Heinrichs festländische Macht stieg und er mit seines Weibes unermeßlichen Schätzen warb für den Zug nach England, wollte Stephan, in dieser letzten Stunde, sich die Herrschaft mit Hilfe des Klerus sichern. Auf Weihnacht 1152 berief er nach London ein Konzil, der Primas von England sollte die wankende Krone auf seines Sohnes Haupt salben und weihen.

Schon sind sie versammelt, die Bischöfe haben ihre Zustimmung gegeben – da verliest der Primas ein päpstliches Schreiben: »Es wird dem Erzbischof Theobald untersagt, Eustach, den Sohn des Königs Stephan, der entgegen dem geleisteten Eid sich das Reich angemaßt hat, zu krönen.«

Von Wut erfüllt, läßt Stephan die Tore schließen und droht mit Acht, wenn ihm die Bischöfe nicht gehorchen. Aber Theobald bleibt fest, und es gelingt ihm, nach Frankreich zu entkommen. Endgültig hat König Stephan das Spiel verloren. Rom stempelt ihn zum Verräter in dem Augenblick, da der Sohn der Kaiserin naht.

– Ich bin gerüstet. Mein Heer steht bereit. Kommst du mit? fragt Heinrich seine Mutter.

– Nein. An dem Tag, da du zu Westminster gekrönt wirst als Heinrich II. von England und der Normandie, ist meine Aufgabe erfüllt. Nun bist du an der Reihe.

Er kniete vor ihr, und sie legte beide Hände auf seinen Scheitel.

Als Heinrich das englische Ufer betrat, zu Shoreham, im Dezember 1153, gestützt auf seine festländische Macht, mit großen Mitteln versehen, ging ihm ein Priester mit der Hostie und vielem Volk entgegen:

– Siehe, da kommt unser Herr und König und die Macht in seiner Hand!

Das Volk strömte dem jungen Herzog zu, die alten Kaiserlichen begrüßten ihren Herrn. Im Schneegestöber zog er vor Malmesbury. Der Westwind jagte Eis und Schnee den Königlichen ins Gesicht, die Waffen froren in ihren Händen fest, und der jagende Schnee machte sie blind. In Verzweiflung zog sich der König zurück, und die Stadt ergab sich ohne Kampf. Wallingford wurde entsetzt, das Brian bis zum Hunger für seine Herrin gehalten. Strahlenden Auges neigt sich der Treue über Heinrichs Hand:

– Ich grüße dich, mein König, Sohn meiner Kaiserin, sagt er froh.

Heinrich nahm Burg auf Burg, Stadt auf Stadt. Die reiche Beute gab er zurück, er sei nicht gekommen zu rauben, sondern zu befreien, ließ er sagen.

Am 6. Dezember ergab sich Stephan; sein Bruder, Heinrich von Winchester, verhandelte für ihn. Großmütig gesteht Heinrich zu, daß Stephan, der Alte, Gebeugte, seinen Königstitel behalte. Er selbst soll Dominus heißen – nach Stephans Tod erst König.

Boten melden es Methild. Im Zorn schreibt sie zurück. Er, Heinrich, habe sich täuschen lassen, auch sie sei Domina gewesen und das Land sei verlorengegangen an den Rebellen, der den Königstitel behalten!

Sie hat recht gesehen. Noch zieht der König mit Heinrich im Land umher, seinem Mitregenten huldigen zu lassen, da entdeckt Heinrich ein Komplott gegen sein Leben im Lager der Königlichen. Mit knapper Not entkommt er nach der Normandie. Stephan zeigt sich in allen Städten von neuem als Sieger und König, den ganzen Sommer und frühen Herbst.

Aber in diesem Sommer stirbt plötzlich Stephans Sohn und Erbe, und ehe es Winter wird, kommt Nachricht über See, daß König Stephan selbst zu Kent verschieden sei.

Widrige Winde verzögern Heinrichs Überfahrt; doch in tiefem Frieden, durch sechs Wochen lang, wartet England auf die Ankunft des rechtmäßigen Herrn.

Am 19. Dezember 1154 wurde er, der Sohn der Kaiserin, Herzog der Normandie, Graf von Anjou und Aquitannien, als Heinrich II. zu Westminster gekrönt. Mit ihm begann die Reihe der Anjous auf dem Thron von England, dreihundert Jahre der Herrschaft liegen vor ihnen, die Zweige der roten und weißen Rose werden sprossen aus ihrem Stamm.

Der Name aber war, nach Gottfrieds gelbem Ginsterzweig, Plantagenet.

Methild war am Ziel. Die Aufgabe erfüllt. Die Brücke erbaut.

Vor dem Schrein zu Reading, der die Hand des Apostels Jakobus barg, brannten Kerzen durch alle Tage dieser Weihnacht.

169

Nah an der Mündung der Seine, wo der Wind vom freien Meer kommt und über normannisches Land streicht, liegt ein Schloß neben der Abtei Notre Dame des Prés. Wilhelm der Eroberer hat es gebaut; vor seine Tore trägt Methild ihr abgeschlossenes Leben.

In England herrscht ihr Sohn, des deutschen Heinrich geistiger Erbe; in Deutschland steigen die Hohenstaufen, Blut von Heinrichs Blut. Schon lebt Methilds Enkel, der mit dem Löwenherzen, der die Bande wieder knüpfen wird mit dem deutschen Kaiser, Friedrich dem Staufer, Barbarossa.

Im Frieden ihrer Gemächer, sinnend und lesend, verbringt sie ihre Tage; im Kreuzgang wandelt sie und grüßt die Sterne, wenn sie im Osten steigen; bei flackerndem Licht, in der Kirche Dämmernis, singt sie Christi Preis. Oft kommen Bischöfe der Normandie, um ihren Rat zu bitten, und wie der Abt vom Berg des heiligen Michael stirbt, trägt der neue, Robert von Torigny, die Billigung Heinrichs von England und die der Kaiserin. Hugh de Fleury widmet ihr seine Geschichte der Frankenkönige – wie einst Ekkehard von Aura die erste Chronik der Deutschen. Thomas Becket, des Königs Kanzler, sucht Stütze bei ihr gegen Heinrich. Tragische Verkennung! Lange schon hat sie Heinrich gewarnt vor Thomas Becket. Nun warnt sie nochmals. Sie, um deren Jugend die Schatten von Canossa gegeistert, sieht an ihres Lebens Ende Canterbury voraus, dem das englische Canossa folgte. Sie schreibt an den Papst; sie will Heinrich den Streit mit dem Kanzler ersparen; dann, als der Sohn Thomas Becket des Landes verweist und der mit dem Bannstrahl erwidert, steht sie unverrückbar auf Heinrichs Seite. Enttäuscht meldet Bekkets Gesandter, sie sei immer noch ein Weib von der Rasse der Tyrannen – und der Bischof von Rouen schreibt nach Rom: »Glaubt nicht, daß die Kaiserin einen Augenblick wanke – denn sie ist eine Frau, umgürtet mit Tapferkeit!«

Mit jedem Schiff, das nach Rouen fährt, kommen Grüße, kommt eine Frage von Heinrich, den sie den größten der Könige Britanniens nennen; und sie schickt Briefe zurück, Ratschläge – oder eine Sendung von dem berühmten Obst der normannischen Erde, Wein, den man ihr aus dem Süden gebracht. Oft kommt Heinrich selbst und bleibt lange bei der Mutter. Einmal führt er ein schönes Kind mit sich, das die Kaiserin segnen will; es hat Brian zum Vater ...

Sonst steht nicht viel von Methilds Einkehr in den Büchern geschrieben. Nur was Arme ergreifen und Köpfe erdenken, geht ein in unsere Geschichte; was Herzen erleuchtet und Seelen an sich selbst vollbringen bleibt Legende.

Im Jahr 1155 wird Besuch aus England gemeldet. Als er eintritt, glaubt sie zu träumen. Es ist Brian, und er trägt den Mantel der Ritter, die nach dem Heiligen Land ziehen.

– Herrin, ich nehme Abschied. Der junge König hat Männer genug. Ich aber habe der Kaiserin gedient und will keinen andern Herrn nach ihr. Zum Heiligen Grab will ich ziehen –

Methild weiß nichts zu sagen.

– Brian! flüstert sie nur.

Noch einmal hat er sie im Arm, die Frau, die er in seinem Leben als einzige geliebt, der wilde, frohe Brian Fitz Count, der für Methild das Tristanlied gesungen.

Mit einer goldenen Kapsel auf dem Herzen, gefüllt mit gelben Haaren, zieht er nach dem Osten und weiß, daß er nie wiederkehrt.

Warum lebt sie noch immer? Ihre Aufgabe ist getan. Täglich ist sie bereit, in jenes Land zu gehen, in dem Heinrich auf sie wartet. Aber noch hat sie in der Geschichte nicht das letzte Wort gesprochen.

Bis über Schottlands Grenze reicht Heinrichs Macht, über Wales hinweg, und auf dem Festland über halb Frankreich. Nur Irland, die Insel im Westen, ist noch unter selbstherrlichen Fürsten. Papst Hadrian IV., der Engländer, der im Jahr 1154 den Thron zu Rom bestiegen, fordert Heinrich auf, Irland zu erobern und vom Papst als Lehen zu empfangen. Heinrich nimmt an, sein Bruder Wilhelm, der Jüngste, soll die Herzogswürde von Irland empfangen.

Zu Winchester, am Fest des heiligen Michael 1155, berät er den Heerzug vor den Baronen. Sie stimmen zu. Im Frühling wollen sie gegen Irland ziehen.

Am runden Tisch zu Winchester, der einst König Artus' Tafel war, sitzt Heinrich und empfängt ihre Schwüre. Da meldet sich der Bischof von Rouen zum Wort:

– Ich komme von Eurer Frau Mutter, der Kaiserin. Sie sagt, Irland, das nach England und Deutschland die Botschaft des Christentums gebracht hat, darf nicht mit dem Schwert erobert werden. In diesem Jahr hat der Fels vom Mont Saint Michel geschwankt wie ein Blatt im Wind. Nach dem Mont Saint Michel brachten einst, Ihr wißt es, die Irländer das Schwert Michaels, mit dem er den Drachen getötet. Im Namen Sankt Michaels, dessen Fest wir heute feiern, bittet Euch die Kaiserin, vom Heerzug gegen Irland abzustehen. Es ist ihr letztes Wort in dieser Sache.

Heinrichs schwere, starke Hand schlägt flach auf den Tisch; lange bleibt er stumm, das Auge starr vor sich hin gewendet.

– Bleibt mir im Wort, ihr Männer, sagt er dann, aber für jetzt soll der Heerzug gegen die Iren aufgeschoben werden ...

David, der Ire, den Methild einst von Heinrich zum Lehrer bekommen, der ihr vom Paradies der heiligen Insel erzählt, von ihrem frühen, unberührten Christentum, hatte gesiegt. Siebzehn Jahre lang unterblieb die Eroberung von Irland. Als Heinrich sie endlich unternahm, auf Drängen des Papstes, im Jahre 1172, da war seine Mutter tot.

Und damit erfüllte sich zum letztenmal auf Methilds Schicksalsweg die Prophetie Merlins: »Der König möge für seinen Kriegszug das Zeichen von seiner Mutter Tod erwarten –«

Methild erkrankt im Sommer 1160. Längst ist sie zum Sterben bereit, aber der Tod geht vorüber. Sieben Jahre noch gewährt ihr das Schicksal. In diesen sieben Jahren dringt die Kunde der Schule von

Chartres weit über die Länder Europas. Im hellsten Licht erstrahlt ihre Weisheit, die Lehre jener Männer, die des Jahrhunderts große Platoniker heißen, durch die Lande ziehen ihre Schüler, führen von den Göttern Griechenlands zu einem Sonnen-Christen-Gott. Die Kathedrale der Jungfrau von Chartres, auf uralter Druidenstätte, wird neu erbaut. In heiliger Begeisterung entflammt das Land der Normannen. Auf Wagen, von Menschen gezogen, Reichen und Armen, mit Kindern und Greisen, in heiligem Schweigen: so bringen sie ihre Gaben und ziehen auch an Notre Dame des Prés vorbei.

Chartres! Wie oft hat Methild den Namen gehört. Rollo, der Ahn, hat sich vor seinen Mauern dem Christengott gebeugt, und Ivo von Chartres war auf des Kaisers Seite gewesen, mit Wort und Kiel, im Kampf mit dem Papst. – Methild ist schweigsam geworden, aber sie hat ein gutes Gedächtnis. Allabendlich hört sie, versammeln sich die gotterfüllten Lehrer, um der Toten zu gedenken. Da sendet sie Geschenke und bittet, auch Kaiser Heinrich einzuschließen.

Die Kaiserin ist über der Schwelle des sechzigsten Lebensjahres, noch immer geht sie aufrecht, nur das Haar ist weiß, das kühne Gesicht gefaltet. Immer noch fahren Boten übers Meer und bringen König Heinrichs Schreiben – Abschriften seiner Botschaften an Kaiser Friedrich Barbarossa sind dabei ... Sie empfängt Barone und Bischöfe in Angelegenheiten beider Länder, verlobt ihre Enkelin Mathilde mit dem deutschen Herzog Heinrich dem Löwen.

Im Juni 1167 melden sich drei Mönche, die vom Toten Meer kommen.

– Hohe Frau, wir haben einem Sterbenden versprochen, Euch zu besuchen. Er wurde in unser Kloster gebracht, verwundet vom Kampf um das Grabmal des Herrn. Seinen Namen sagte er nicht, es war ein bretonischer Ritter. Als er hörte, daß unser Abt Deutsch sprach, rief er ihn an sein Sterbelager. Hier, diese goldene Kapsel, sollten wir sicher nach normannischem Land bringen, der Kaiserin Mathildis zu Händen. Mit seinen letzten Grüßen ...

173

Methild nahm das Geschmeide, das Brian an seinem Hals getragen – in Gedanken verloren öffnete sie den Deckel ...
– Hohe Frau, flüsterte der Mönch, die gelbe Locke, die darin war, fehlt. Der Ritter nahm sie mit sich ins Grab. Er sagte, sie sei Heimaterde.
Methild wandte sich zum Fenster, wo sonnenglitzernd, weit hinaus, das Meer sich dehnte –
– Ich danke euch. Und wenn ihr in meinem Land bleiben wollt, errichtet eine Abtei der Zisterzienser – in des toten Ritters Namen –
Noch im gleichen Sommer kommt der Bischof von Rouen zu ihr:
– Frau Kaiserin, die hölzerne Brücke über die Seine stürzt uns ein. Sie stammt noch aus Herzog Rollos Zeit. Ob wir nicht eine steinerne bauen könnten – mit Eurer Erlaubnis?
– Eine Brücke? fragt sie, erfreut. Ja, das wird gut sein. Ich habe Mittel, die ich Euch stiften will.
– Dank, Frau Kaiserin, Dank! Und noch eine Bitte hat die Bürgerschaft von Rouen ... Ob wir vielleicht dieser Brücke Euern Namen geben dürften –. Pont Mathilde würden wir sie nennen.
Methild nickte, auf ihrem Gesicht war ein ganz junges Lächeln:
– Ja, das könnt Ihr tun! Eine Brücke ... auch ich war nichts anderes als eine Brücke –
Der Bischof blinzelt und beugt sich vor:
– Wie meint Ihr, Frau Kaiserin?
– Ja, Bischof, wiederholte Methild, auch mein Leben war nur eine Brücke.
Der Bischof neigt das Haupt und sagt eilig:
– Ganz recht, Frau Kaiserin, unsern tiefsten Dank! – und denkt bei sich: Sie wird alt! Kein Wunder, nach solchem Leben ...!
Man baute die Brücke, sie trug auch Jahrhunderte ihren Namen, und Methild lächelte, so oft sie davon sprach. Es war – wenn auch niemand darum wußte – ihr Denkmal auf normannischer Erde.

Die Gegenwart ist vollbracht, die Zukunft gesichert, soweit sie ihr Werk gewesen. – Immer mehr versinkt, was ist, immer stärker ersteht, was war. Ihr eigenes Leben lebt sie zurück: von den Kämpfen in England nach der Wartezeit von Anjou – zu Heinrich …

Ganz zuletzt, aus dem Meer des Erlebten, als die Erde in Schatten taucht und die Lichter eines andern Daseins steigen, hebt sich vor dem Blick ihrer Seele – das Land der Deutschen.

In diesem Jahr 1167 sah das Volk drei Himmelszeichen. Im März erschien ein Komet über Gallien, im Juni leuchtete die Sonne aus einem Strahlenkranz – Mitte September aber, als die Kaiserin starb, wurde der Mond um Mitternacht blutigrot.

Auf schmalem Lager der entseelte Leib glich wieder Methild, der jungen Königin.

An ihrem Grab zu Bec stand, im Glanz eines kommenden Geschlechts, Heinrich von England, der Erbe.

Er ließ den Kopf der toten Kaiserin gegen Sonnenuntergang legen und ihre Füße gegen Morgen, auf daß ihr Grabmal noch bezeichne, was ihr Schicksal war: Brücke zu sein zwischen den Germanen des Westens und den Germanen im Herzen von Europa.

LITERATURVERZEICHNIS

Adams, G. B., History of England. London 1906.
– Council and Court in Anglo-Norman England. London 1926.
Aventinus, Gesamtausgabe. München 1881–1908.
Banniza v. Bazan, Die Persönlichkeit Heinrichs V. Berlin 1927.
Beaurepaire, Les Miracles de l'abbaye du Mont St. Michel. Avranches 1862.
Bascan, Légendes normandes. Paris 1902.
Battandier, Annuaires de Compostella. Paris 1909.
Begiebing, H., Die Jagd im Leben der salischen Kaiser. Bonn 1905.
Berger, Chronik von Gerbstädt. Gerbstädt 1878.
Bernhardi, Lothar von Supplinburg. Leipzig 1879. Jahrb. d. dtsch. Geschichte.
Beyerle, K., Die Kultur der Abtei Reichenau. München 1925.
Béziers, M., Histoire sommaire de Bayeux. Caen 1773.
Bock, Franz, Rheinlands Baudenkmale. Köln 1869–1874.
Böttger, Über das Vaterland des Irnerius. Leipzig 1801.
Borodine, M., La femme et l'amour au 12 siècle. Paris 1909.
Bourget, History of the Abbey of Bec. 1847.
Bosquet, A., La Normandie. Paris 1845.
Bühler, Joh., Leben Heinrichs IV. Leipzig 1921.
Bulletin de la société des antiq. de Normandie. Paris 1870–1871.
Busch, Moritz, Deutscher Volksglaube. Leipzig 1877.
Coates, Ch., History of Reading. London 1802.
Cook, T. A., The story of Rouen. London 1899.
Comte, Jules, La tapisserie de Bayeux. Paris 1879.
Crake, A. D., Brian Fitz Count. London 1888.
Deaux, C., Sur les chemins de Compostella. Tours 1909.
Demimuid, Jean de Salisbury. Paris 1873.
Depping, Geschichte der normannischen See-Expeditionen. Berlin 1877.
Dupont, Etienne, Le Mont St. Michel. Paris 1899.
Enlart, Rouen. Paris 1904.
Eyton, R. W., Court, household . . . of Henry II. London 1878.
Fallue, Histoire politique et religieuse de Rouen. Rouen 1850.
Feind, J. F., Die Persönlichkeit Heinrichs II. von England. Greifswald 1914.
Fiorentini, Memoire della Contessa Matilda. Lucca 1756.
Fitz Stephen Will., Materials for the history of Thomas Becket. 1845.
Flete, John, History of Westminster Abbey. Cambridge 1909.
Floto, Heinrich IV. und sein Zeitalter. Stuttgart und Hamburg 1855.
Freeman, Norman Conquest of England. 1867.
Freising, Otto v., Ausgewählte Schriften. Leipzig 1926.
Friedberg, Emil, Das Recht der Eheschließung. Leipzig 1865.

Friedrich, H., Die politische Tätigkeit Ottos v. Bamberg. Königsberg 1881.
Gerdes, H., Geschichte des deutschen Volkes und seiner Kultur im Mittelalter. Leipzig 1891.
Gernandt, K., Die erste Romfahrt Heinrichs V. Heidelberg 1890.
Giesebrecht, Geschichte der deutschen Kaiserzeit. Leipzig 1885.
Giles, J. A., Chronik der englischen Könige nach Wilh. v. Malmesbury. London 1848.
Gravier, Découverte de l'Amérique par les Normands. Paris 1874.
− Les normands sur la route des Indes. Paris 1881.
Gray Birch, W., Life and Writings of Will. of Malmesb. Translat. of the Royal Society of Literat. Vol. X.
Green, S. A., Henry II. 1903.
− Lives of princesses of England. 1850.
− John Rich., History of the Engl. People. London 1878−1880.
Gregorovius, Geschichte der Stadt Rom. Stuttgart 1886.
Größler, Herm., Sagen der Grafschaft Mansfeld. Eisleben 1880.
Hahn, K. A., Gedichte des 12. und 13. Jahrhunderts. Quedlinsburg und Leipzig 1840.
Haller, J., Die Verhandlungen von Mouzon. N. Heidelberger Jhb. 2.
Hampe, K., Die Kaisergeschichte in der Zeit der Salier und Staufer. 1929.
Hardegen, Friedr., Imperialpolitik König Heinrichs II. von England. Heidelberg 1905.
Hardy's Descriptive Catalogue of British History. II.
Hartung, Die Schlacht am Welfesholz. Eisleben 1889.
Hauck, Kirchengeschichte Deutschlands. Leipzig 1920.
Hefele-Knöpfler, Konziliengeschichte 1873.
Heyer, Karl, Das Wunder von Chartres. Basel 1926.
Höfner, M. J., Otto von Bamberg. Tübingen 1865.
Howlett, R., Chronicles of Stephen and Henry II. London 1885.
Huntingdon, Henry of, Historia Anglorum, Rolls edit.
Jungnitz, Hugo, Der Kampf zwischen Regnum und Imperium. Greifswald 1913.
Kampers, Fr., Die deutsche Kaiseridee in Prophetie und Sage. München 1896.
Kemmerich, Frühmittelalterliche Porträtmalerei in Deutschland. München 1907.
Kirchner, Die deutschen Kaiserinnen. Berlin 1910.
Kitchin, Winchester. Historic Town's Series.
Kolbe, Erzbischof Adalbert von Mainz. Heidelberg 1872.
Kraus, F. X., Die christlichen Inschriften der Rheinlande. Freiburg 1890−1894.
Kriegk, Die deutsche Kaiserkrönung. Hannover 1872.
Kunze, J., Zur Kunde des deutschen Privatlebens zur Zeit der salischen Kaiser. 1902.
Lappenberg, Geschichte Englands. Gotha 1895.
Letraoruilly, Le vatican et la basilique de St. Pierre. 1882.

Littleton, G., The story of Henry II. London 1767.
Loren, H., Bertha und Praxedis. Halle 1911.
Luard, On the relation betw. England and Rome during the reign of Henry II. Cambridge 1877.
Luce, St., S. Jacques de Compostella. Rev. des deux Mondes. 1882.
Malmesbury, William of, Historia novella. Rolls edit.
Map, Walter, Chronicle. London 1801.
Marchegay, P., Chronique des églises d'Anjou. Paris 1869.
Marolles, M. de., Histoire des ancients comtes d'Anjou. Paris 1681.
Mayer von Knonau, Heinrich IV. und Heinrich V. Jhb. d. dtsch. Gesch. Leipzig 1903.
Michel, Fr., Chronique des Ducs de Normandie. Paris 1836—1844.
– Le roman du Mont St. Michel.
Monmouth, Geoffr. of, British History. London 1718.
Needon, C. R., Beitr. z. Gesch. Heinrichs V. Leipzig 1885.
Norgate, Kate, England under the Angevins. London 1887.
Oberseider, Das Privileg Kaiser Heinr. V. Pfälz. Mus. 1911.
Omont, Henry, Le Dragon normand. Rouen 1884.
Ordéric Vital. Publié p. M. Guizot. 1825.
Overmann, A., Gräfin Mathilde v. Tuscien. Innsbruck 1895.
Panneborg, Studien z. Gesch. d. Herzogin Mathilde von Tuscien. Göttingen 1872.
Pardiac, J. B., Histoire de St. Jacques de Compostella. Bordeaux 1863.
Peiser, G., Der Investiturstreit unter König Heinrich V. Leipzig 1883.
Pluquet, Friedr., Contes de Bayeux. Rouen 1834.
Praun, Die Kaisergräber von Speyer. Karlsruhe 1899.
Ramsay, J. H., The Angevin Empire. London 1903.
Rouen de Lincy, Les 4 livres des Rois. Paris 1841.
Round, J. H., Geoffrey de Mandeville. London 1892.
Rochholz, Deutscher Glaube und Brauch.
Röskens, Heinrich V. und Paschalis II. Essen 1895.
Rössler, Oskar, Kaiserin Mathilde. Berlin 1897.
Roy, le Th., Curieuses recherches du Mt. St. Michel. Caen 1878.
Sharpe, John, The History of the Kings of England. London 1815.
Schäfer, Dietr., Die Quellen für Heinrichs V. Romzug. Hannover 1886.
Scheffer-Boichorst, N. Archiv d. Gesellsch. f. ält. dtsch. Gesch.kunde XXVII.
Scherer, Wilh., Gesch. d. dtsch. Dichtung. Straßburg 1875.
Schramm, Die deutschen Kaiser und Könige in Bildern. Berlin 1928.
Schultz, A., Das höfische Leben zur Zeit der Minnesänger. Leipzig 1879.
Schum, Wilh., Die Politik Papst Paschalis' II. Erfurt 1877.
Schwarzer, Jos., Die Ordines der Kaiserkrönung. Göttingen 1882.
Sdralek, Wolfenbüttler Fragmente. Münster 1891.

Seemüller, Studien. Zitate über Kaiser und Papst.
Souchay, Geschichte der deutschen Monarchie.
Spangenberg, Cyr., Mansfeldische Chronica. Eisleben 1912/1913.
Stein, W. J., Das neunte Jahrhundert. Stuttgart 1928.
Stephanus Rothomagensis, Draco Normannicus. London 1885.
Stone, James, The Cult of Santiago. 1927.
Stubbs, Constitutional History of England. Oxford 1913.
Taylor, Rup., The political prophecy in England. 1912.
Usinger, Heinrich V. Sybels hist. Zeitschrift Bd. VIII.
Villemarqué, Myrdhinn ou l'enchanteur Merlin. Paris 1862.
Waitz, G., Die Formeln der deutschen Könige. Göttingen 1873.
Wanka v. Rodlow, Die Brennerstraße. Prag 1900.
Weinhold, Die deutschen Frauen im Mittelalter. Wien 1882.
Werdermann, G., Heinrich IV. und seine Anhänger. Greifswald 1913.
Wissowa, Fel., Polit. Beziehungen zwischen England und Deutschland bis
zum Untergang der Staufer. Breslau 1889.
Wood. Everett, Letters of royal ladies. London 1846.

STAMMTAFEL

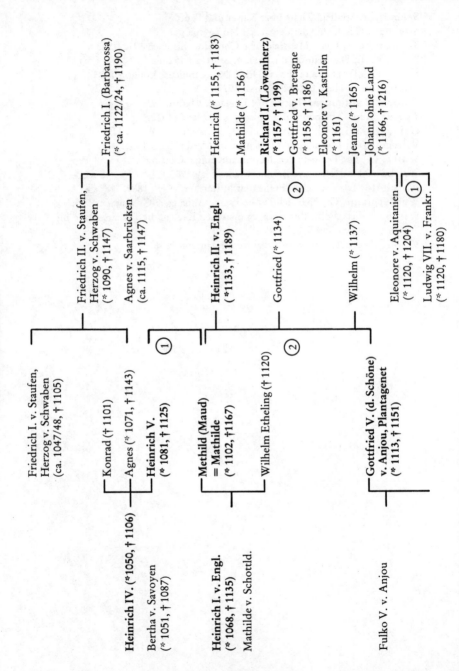

1066	Wilhelm der Eroberer landet in England
1077	Heinrich IV. als Büßer vor Canossa (Papst Gregor VII.)
1088	Papst Urban II.
1102	Methild (Maud), Tochter Heinrichs I. v. England geboren
1106	Heinrich V. deutscher König († 1125)
1111	Heinrich V. in Rom zum Kaiser gekrönt
1114	Hochzeit Heinrichs V. mit Methild in Mainz
1118	Templerorden in Jerusalem gegründet
1118	Zweite Romfahrt Heinrichs V., mit Methild
1120	Eleonore von Aquitanien geboren, spätere Gemahlin Heinrichs II. von England, Mutter von Richard Löwenherz (Schwiegertochter Methild)
1122	Wormser Konkordat zwischen Kaiser Heinrich V. und Papst Kalixt II.
1125	Kaiser Heinrich V. stirbt
1128	Hochzeit Gottfrieds von Anjou (Plantagenet) mit Methild
1133	Heinrich II., Sohn der Methild und Gottfrieds v. Anjou geboren
1135	Stephan von Blois wird König von England, entgegen der Ansprüche von Methild
1137	Lothar III., deutscher Kaiser, gestorben
1138	Konrad III. deutscher König (erster Staufer)
1140	(ca.) Chrestien de Troyes geboren († 1190). Dichter des „Perceval" und anderer Gralsromane
1141	Methild Königin von England
1143—50	Entstehung und Verbreitung des Katharismus
1147—49	Zweiter Kreuzzug, ohne Ergebnis

181

1152	Friedrich I. (Barbarossa) römisch-deutscher Kaiser
1154	Königskrönung Heinrichs II. von England (Sohn der Methild) in Westminster, Herzog der Normandie, Graf v. Anjou u. Aquitanien
1157	Richard I. (Löwenherz) geboren († 1199), (Enkel der Methild)
1167	Kaiserin Methild stirbt in Notre Dame des Prés
1189—92	Dritter Kreuzzug, Wiedereroberung Jerusalems
1202—04	Vierter Kreuzzug gegen Byzanz (latein. Kaisertum)
1204	Eleonore von Aquitanien, Gemahlin Heinrichs II. von England gestorben
1212	Friedrich II. von Hohenstaufen deutscher König († 1250)
1220	Friedrich II. von Hohenstaufen deutscher Kaiser.

EDITION PERCEVAL

Eine Bibliothek der frühen Gralsliteratur und verwandter Gebiete
Bisher erschienen:

Band 1: ROBERT DE BORON
         Die Geschichte des Heiligen Gral

         Aus dem Altfranzösischen übersetzt, mit Kommentar und Nachwort
         von Konrad Sandkühler. 3. Auflage 1979, 100 Seiten, ISBN
         3-88455-705-X

Band 2: ROBERT DE BORON
         Merlin, Hüter des Grals

         Aus dem Altfranzösischen übersetzt und mit einem Nachwort von
         Konrad Sandkühler. 2. Auflage 1980, 188 Seiten, ISBN
         3-88455-706-8

Band 4: CHRESTIEN DE TROYES
         Perceval, oder die Geschichte vom Gral

         Aus dem Altfranzösischen übersetzt, mit Kommentar und Nachwort
         von Konrad Sandkühler. 6. Auflage 1980, 236 Seiten, ISBN
         3-88455-701-7

Band 5: CHRESTIEN DE TROYES
         Gauwain sucht den Gral (1. Fortsetzung des «Perceval»)

         Aus dem Altfranzösischen übersetzt, mit Kommentar und Nachwort
         von Konrad Sandkühler. 4. Auflage 1984, ca. 260 Seiten, ISBN
         3-88455-702-5

Band 6: CHRESTIEN DE TROYES
         Irrfahrt und Prüfung des Ritters Perceval
         (2. Fortsetzung des «Perceval»)

         Aus dem Altfranzösischen übersetzt, mit Nachwort und Kommentar
         von Konrad Sandkühler. 3. Auflage 1977, 190 Seiten, ISBN
         3-88455-703-3

OGHAM VERLAG STUTTGART

EDITION PERCEVAL

Band 7: CHRESTIEN DE TROYES
Perceval der Gralskönig
(3. Fortsetzung des «Perceval»)

Aus dem Altfranzösischen übersetzt, mit Kommentar und Nachwort
von Konrad Sandkühler. 3. Auflage 1983, 316 Seiten, ISBN
3-88455-704-1

Band 9: M. J. KRÜCK-von POTURZYN
Der Prozeß gegen die Templer

Ein Bericht über die Vernichtung des Ordens, mit 16, teils farbigen Tafeln, zwei Übersichtskarten und Anhang. 2. Auflage 1982, 256 Seiten, ISBN 3-88455-709-2

Band 10: KATJA PAPASOVA
Christen oder Ketzer – die Bogomilen

Herausgegeben mit ausführlicher Einleitung und Anhang von Hermann Gruber, mit zahlreichen Abbildungen und Übersichtskarten. 1983, ca. 260 Seiten, ISBN 3-88455-710-6

Band 11: ISABEL WYATT
Von der Artusrunde zum Gralsschloß

Studien zum Artusweg und zum Gralsweg im Lichte der Anthroposophie. Vorwort von Joan Rudel. Übersetzt aus dem Englischen von Christian Isbert. 1984, ca. 270 Seiten, ISBN 3-88455-711-5

Band 12: GÉRARD DE NERVAL
Die Tempellegende

Die Geschichte von der Königin aus dem Morgenland und von Sulaiman, dem Fürsten der Genien. Aus dem Französischen übersetzt von Manfred Krüger. 2. Auflage 1982, 144 Seiten, ISBN 3-88455-712-2

OGHAM VERLAG STUTTGART